Inhaltsverzeichnis

Über mich

Ich heisse Ghita Cristofoli und bin am 27.7.1934 in Rovereto im Südtirol (Italien) geboren. Mein leiblicher Vater war Ungar, meine Mutter war Italien-Schweizerin.

Mein Stiefvater war Italiener. Durch ihn - er war im Militär tätig - sind wir viel gereist und die Erlebnisse im Krieg sind mir nicht erspart geblieben. Es gab Hungersnot und Ängste und auch die Schule kam natürlich zu kurz.

Seit ich ein Kind bin, habe ich immer gemalt. Ich wurde mit diesem Talent geboren. Aus diesem Grund konnte ich diese Form von Maltherapie entwickeln. Da ich auch schon seit Kindsbeinen an hellsichtig bin, half mir das, den Menschen zu helfen, denn ich wusste bereits, aus welchem Grund sie zu mir kamen, bevor es ihnen selber bewusst war.

Ich bin Autodidaktin, aber ich habe verschiedene Ausbildungen absolviert.

Mit Mitte 20 bin ich in die Schweiz gekommen und habe einen Schweizer geheiratet. Aus dieser Ehe entstanden vier Kinder.

Die Liebe zu den Menschen war immer oberstes Gebot, darum konnte und kann ich ihnen auch helfen.

Vorwort

Dieses Buch „Kraft des Malens – Kraft der Gedanken" entstand als ich noch sehr klein war. Die Begabung zum Malen und „die Kraft der Gedanken" wurden mir genauso in die Wiege gelegt wie meine Hellsichtigkeit.

Diese meine Hellsichtigkeit hatte ich schon immer und habe sie auch noch heute, ob im Wachzustand oder beim Träumen. Ich wusste zum Beispiel durch das Träumen, ob ein Bub oder ein Mädchen geboren wird. So bin ich auch im Traum auf die Maltherapie gekommen. 24 Weise sagten mir im Traum, dass ich mit den 7 Farben, mit Wasser und Pinsel auf Papier arbeiten soll.

Für mich war das Malen meine Existenz. Es gab mir immer Ruhe und Freude. Ganz allgemein habe ich alle Künste geliebt. So habe ich auch gesungen, denn ich hatte eine schöne Stimme. Schliesslich konnte ich auch Geige spielen lernen, bis mein Schicksal für mich etwas anderes erdacht hat.

Es war ein langer und beschwerlicher Weg bis zur Fertigstellung dieses Buches. Viel Kraft für diese Arbeit konnte ich aus der Zellenprogrammierung holen. Mit der Methode der Zellenprogrammierung kann jeder alle seine Ziele erreichen.

Warum dieses Buch?

Dieses Buch ist geschrieben worden, um den Menschen Möglichkeiten zu geben und um zu verstehen, was in unserem Leben verborgen geblieben ist. Es zeigt auch, wie wir arbeiten müssen, um das Verborgene hervorzuholen und zu ändern.

Es zeigt Beispiele und die gemalten Bilder von Menschen, welche den Mut hatten, diese Maltherapie zu besuchen. Es zeigt auch die Problematik und die Ängste auf, die aus diesen Bildern gelesen und verarbeitet werden konnten.

Es ist auch eine Ausdruckstherapie.

Maltherapie ist eine neue Technik für die neue Zeit mit Farben und Formen.

Mit Malen erreichen wir unsere Harmonie und verarbeiten alles, was in unserer Seele schwer liegt. Wir lernen uns zu akzeptieren und zu lieben. Wir sind befreit von vielem überflüssigem Ballast, den wir mit uns tragen.

Zweck des Buches

Dieses Buch ist für jeden Menschen geschrieben worden, ob jung oder alt. Jeder soll diese Art von Malen verstehen können. Es ist eine Art Kunst, bei der man durch Farben Harmonie, Beruhigung und Kraft vermitteln kann.

Es soll aufzeigen, dass man lieber eine Maltherapie macht, wenn man irgendwelche Sorgen, Probleme, Ängste hat, die man nicht einordnen kann, als sofort ein Medikament zu schlucken.

Mit Medikamenten lösen wir keine Probleme. Die Ursache wird nicht erkannt.

Sie schlucken eine Tablette und hoffen, es geht ihnen bald besser, anstatt sich diese Situation bzw. Themen anzusehen, wie sie oft in der Kindheit entstanden sind. Diese Themen sind meist nicht angenehm anzusehen. Die Mehrheit der Menschen möchte lieber eine Tablette nehmen und sich nicht mit sich selber auseinandersetzen.

Die Verantwortung für sich sollte übernommen werden, ohne „Nebenwirkungen“.

Meine Philosophie, Deine Philosophie

In meiner Philosophie haben die Menschen Priorität. Gleich welche Hautfarbe, welche Religion, welche Nationalität, welche Rasse, welches Geschlecht sie haben und ob sie arm oder reich sind.

Meine Wohnung ist offen für alle Menschen. Genau wie Jesus sagte:“ In meinem Vaterhaus hat es viele Wohnungen“. Ich fühle auch so. Ich habe auf dieser Basis meine Maltherapie aufgebaut und entwickelt. Bei mir fühlte sich sofort jeder akzeptiert.
Durch meine Hellsichtigkeit wusste ich genau, wo ich helfen konnte. Ich bin dankbar für diese Gabe, die ich von der Schöpfung erhalten habe, denn sie war für mich sehr hilfreich bei dieser Therapie.

Technik und Vorgehen

Das Vorgehen ist einfach. Es wird mit Wasserfarbe, Papier und Pinsel gemalt. Jeder hat die Möglichkeit so zu malen, wie er kann. Das ist sein Bild, seine Kunst. Jedes Bild fühlt etwas, erneuert. Es hat sich in mir etwas verändert. Ich kann glücklich oder traurig sein. Es entsteht auf jeden Fall ein „anderes Ich.“

Die Weisheit ist in uns

24.12.1995 - Wieso ich mich entschieden habe, über Maltherapie zu schreiben, ist, dass ich entdeckt habe, dass sehr vieles, was man im Leben erlebt hat, verdrängt wird, ohne es zu verarbeiten. Ich muss zurückgehen in meine frühe Kindheit. Seit ich mich zurückerinnern kann, habe ich immer gemalt. Es war für mich eine Selbstverständlichkeit und ein Bedürfnis. Meine Mutter war eine sehr kluge Frau, als sie das merkte, unterstützte sie dies und kaufte mir Blöcke und Farben, damit ich malen konnte. Ja, das habe ich gerne gemacht, aber trotzdem bin ich keine grosse Künstlerin geworden. Ich hatte gar keine Zeit, eine grosse Künstlerin zu werden.

Mein Leben war mit schrecklichen Schicksalsschlägen, mit Krieg und vielen schmerzhaften Erlebnissen verbunden, es ging ums Überleben. Ich musste sehr früh mein Leben in die eigene Hand nehmen und lernen. Aber das Malen hat mir geholfen, dies alles zu ertragen.
Es war ein ganz langer Weg, bis ich die Maltherapie entwickelt habe. Ich war bereits 50 Jahre alt, als ich mit der Maltherapie begann. Obwohl alles schon in mir angelegt war, denn in jedem schlummern die Kräfte, wie Rudolf Steiner sagte. In mir schlummerte schon lange diese Art von Malen und endlich ist der richtige Moment gekommen, diese Art der Ausdrucks-Therapie an den Mann und die Frau zu bringen.

Ich habe schon fast alle Maltechniken ausprobiert. Für mich war es sehr schön, immer wieder neue Techniken auszuprobieren, deshalb konnte ich nicht einfach nur

Malerin sein. Ich konnte viel Verschiedenes an die Menschen weitergeben. Ich entwickelte Stärke und war kaum noch zu bremsen.

Vor allem die Liebe zu den Menschen war meine grösste Kraft. Die Leute kamen immer zu mir, um mir ihre Sorgen zu erzählen, schon als ich noch ein Kind war. Es war für mich selbstverständlich, wenn möglich allen auf meine Art zu helfen. Es wurde mir auch bewusst, dass für viele eine Umarmung sehr hilfreich war.

In meiner Tätigkeit als Maltherapeutin habe ich sofort gemerkt, dass jeder nur geliebt und beachtet werden möchte, so wie er ist. Und nicht für das, was er oder sie kann oder produziert. Diese Liebe haben alle in sich selber, aber die Meisten haben Angst dies zu offenbaren. Es gibt viele Gründe, aber der grösste Grund für die Angst ist ausgelacht und nicht verstanden zu werden. Das grösste Problem der Menschheit liegt in der Kommunikation. Es wird viel gesprochen, aber wenig kommuniziert.

Kommunizieren kommt von communicare und heisst, sich mitteilen, sich verständigen, aber das passiert selten. Mitteilen, was einem am Herzen liegt oder was schmerzt. Oder auch nur zuhören. Es gibt dies leider eher selten. Die Leute haben keine Zeit mehr, das ist die Antwort. In diesen 30 Jahren, in denen ich das Atelier hatte, konnte ich sehr viel von den Menschen lernen, die zu mir kamen. Ich konnte den Leuten zuhören, denn es gab in diesen 30 Jahren vielen Schicksale und Schmerzen.

Mit der Zeit war man wie eine Familie, das Malen gab jedem eine innere Gelassenheit und eine neue Perspektive aufs Leben. Es war vielfältig und bunt.
Als mit meiner Familie diese Probleme auftauchten, dachte ich mir: Wie kann ich das alles lösen? Ich las viele Bücher über Erziehung, über Psychologie, Philosophie, Anthropologie, besuchte Kurse, machte Schulen, alles was mit Menschen zu tun hatte, interessierte mich, auch die Religion. Es war so interessant und vielfältig. Ich konnte von dem ganzen Wissen nicht genug bekommen. Ich muss betonen, dass alles nicht so einfach war. Für meine Ehe und meine vier Kinder war dies aber die beste Lebensschule, trotz all der Unsicherheiten und den Schmerzen. Ich konnte viel lernen, ich konnte vor allem mich besser kennenlernen. Kinder und Partner sind sowieso die besten Lehrer.

Ich lernte durch die Kinder nicht so empfindlich zu sein. Ich konnte mich in ihnen spiegeln. Es ist nicht immer einfach diese unangenehmen Charakterzüge zu akzeptieren. Wer sieht sich schon gerne mit den negativen Eigenschaften konfrontiert? Es ist nicht meine Absicht, meine Autobiographie zu schreiben, es ginge zu weit, all meine Erfahrungen mitzuteilen.

Ich möchte nur erzählen, wieso ich auf die Maltherapie gestossen bin und auf welchem Weg ich dahin gelangte. Zuerst musste ich mich selbst erziehen, mich verstehen und versuchen, mich zu lieben und mir zu verzeihen, bevor ich diese Maltherapie praktizieren konnte.
Deshalb ist dies mit dem Spiegelbild so wichtig: Es gilt zuerst sich zu erkennen, dann erst kann man den Nächsten sehen.

Schon vor 2000 Jahren hat uns ein grosser Meister gezeigt, wie glücklich wir wären, wenn wir seiner Lehre folgen würden. Jesus sagte, liebe deinen Nächsten wie dich selbst.

Ganz einfach, oder? Aber machen wir das?

Ich habe meine Maltherapie auf diesen Satz aufgebaut. Ebenso wie: Ich bin das, was ich denke. Wenn wir das wirklich ernst nehmen würden, gäbe es keine Kriege, keinen Hunger, keine Gewalt auf der Welt. Alles wäre wunderschön. Ich glaube immer noch, dass das so kommen wird eines Tages. Ich bin ein grosser Optimist und habe grenzenloses Vertrauen und den Glauben, dass alles in uns ist und wartet, um genutzt zu werden.

Was ist Maltherapie?

25.12.1995 - Man kann Maltherapie nicht in drei Worten erklären. Es kommen einige Komponenten mehr vor. Durch dass ich mein ganzes Leben lang gemalt habe und mich mit den Farben auseinandergesetzt habe, habe ich die Wirkung, welche Farben auslösen, gespürt. Ich habe Jahre lang keine rote Farbe getragen, weil ich diese als Kind immer tragen musste. Meine Mutter zog mir immer rote Kleider an. Während dem Krieg haben wir in Jugoslawien gewohnt, dort war mein Stiefvater im Militär. In Jugoslawien hatte es viele Truthähne. Immer wenn ich etwas Rotes trug, kamen die Truthähne und pickten mich. Es war schrecklich. Ich habe noch heute Respekt vor diesen Tieren. Seitdem trage ich keine roten Kleider mehr, obwohl diese Farbe richtig für mich wäre. Ich habe immer Probleme mit den Lymphdrüsen gehabt. Rot hätte dies gelindert. Stattdessen trug ich jahrelang immer nur schwarz oder weiss.

Solche Erinnerungen sind fest in uns verankert und haben sich mit Ängsten verbunden. Es ist unglaublich, was sich alles in unserem Unterbewusstsein speichert. Unser Hirn ist der beste Computer auf der Welt.

Jede Zelle ist ein Universum für sich. Jede Zelle hat ein eigenes System, ein eigenes Gedächtnis und alles, aber auch alles wird darin gespeichert. Dann fragen wir uns, wieso ein Mensch auf einmal krank, depressiv, aggressiv oder sogar zum Mörder wird. Alles was wir nicht verarbeiten können, wird in diesem komplizierten System gespeichert und projiziert sich dann im Leben wieder.

Obwohl die Wissenschaftler alle möglichen Untersuchungen machen, haben sie die menschliche Psyche nie von dieser Seite her zu verstehen versucht. Psyche und Seele werden gar nicht recht in Betracht gezogen. Es gibt so viele komplexe Arten von Problemen. Sie zu verstehen, zu lösen ist nicht einfach. Gerade heute werden die Probleme einfach medikamentös behandelt, ohne zu fragen, ob sie dieses Individuum überhaupt ertragen kann. Denn wir sind nicht alle gleich. Die Schöpfung ist so grossartig, dass sie uns nach dem Bild Gottes gemacht hat und Gott ist einzigartig. Wie auch jeder Mensch einzigartig ist. Deshalb kann man nicht jedem Menschen die gleiche Therapie oder Medizin geben.

Als ich diese Maltherapie entwickelte und ausprobierte, war es für mich die grösste Offenbarung. Jeder Mensch ist einzigartig und deshalb war es für mich spannend, bei jedem eine andere Geschichte zu hören. Wir teilen die Menschen in verschiedene Gruppen ein. Sei es aufgrund der Kultur, der Hautfarbe oder wegen etwas Anderem. Wir sind eine Ganzheit und müssen den ganzen Menschen als Einheit sehen und behandeln. Sonst gerät alles in Unordnung. Wir können ja beobachten, wie unsere Welt ist, diese ist nur unser Spiegelbild. Solange wir dies nicht verstehen wollen, werden wir auch nicht gesund sein, heil-sein.

Wir haben viel Selbstdisziplin verloren. Wir sind sehr bequem geworden. Was hat das mit der Gesundheit zu tun? Es hat damit zu tun, weil wir nicht mehr „natürlich“ leben.

Fast alles ist künstlich. Wie kann ein Körper leben, wenn fast nichts mehr lebendig ist? Alles ist zusammen verbunden. Nichts ist getrennt.

Genau aus diesem Grund auch die Maltherapie. Alles ist miteinander verbunden. Es ist nicht nur das Malen, was bewegt. Es ist eine geballte Energie, die nach aussen kommt. Erinnerungen, Schmerzen, aber auch Freude und schöne Ereignisse. Es ist nicht nur die Erfahrung, die als Kind oder als Erwachsener gemacht wurde, manchmal sind es auch pränatale Erinnerungen, die einen geprägt haben.

In Japan haben sie mehrere Versuche und Untersuchungen mit mehreren schwangeren Frauen gemacht. Man konnte sehen, dass das Ungeborene im Mutterleib alles aufnahm. Sei es Trauriges, Lustiges, Freude, Ängste, Sorgen, einfach alles. Dies bestätigt ebenfalls, dass nichts getrennt ist. Also auch durch vorgeburtlichen Erfahrungen kann der Mensch geprägt und beeinflusst werden. Vor allem durch alle Entbehrungen, die eine Mutter während der Schwangerschaft leiden muss, wird das Kind später beeinflusst und hat deswegen möglicherweise Schwierigkeiten. Dies geschieht bereits mit der Zeugung. Ein Kind sollte immer aus Liebe und mit Liebe gezeugt werden, nicht aus egoistischen Gründen, etwa aus Rache, oder um eine Ehe zu „reparieren“ oder, wie es noch in vielen Ländern betrieben wird, um seine Manneskraft zu beweisen, indem besonders viele Kinder gezeugt werden. Oder um zu zeigen, wie potent man noch ist. Wie kann so ein glückliches Kind entstehen?

Schlimm ist auch, wenn allein die männlichen Kinder als wertvoll erachtet werden. Aber diese Leute vergessen, dass ohne weibliche Kinder auch keine männlichen entstehen können…

Es gibt ja auch schon seit vielen Jahren die künstliche Befruchtung. Auch hier sollte man aufpassen und der Natur nicht ins Handwerk pfuschen. Es hat schon einen Sinn, wieso jemand keine Kinder haben kann. Es sollte nie etwas erzwungen werden. Ich habe durch die Maltherapie erfahren, wie viele Menschen unglücklich sind. Sie wurden nicht akzeptiert, schon im Mutterleib nicht oder während der Zeugung. Dies ist oft der Ursprung von Leid, den man sich gar nie erklären konnte.

Die Mutter ist die einzige direkte Verbindung zum Kind, obwohl der Vater auch sehr wichtig ist. Er sollte sich auf das Kind freuen. Dann kann es in Liebe aufwachsen. Es heisst ja die heilige Familie. Eine gesunde Familie in Geist, Seele und Körper. Das wäre das Glück auf Erden. Jedes Kind als Glück und Geschenk sehen. Dies würde die Welt verändern, wenn alle Kinder in Liebe gezeugt würden und auch so aufwachsen. Denn nur die Liebe verändert die Menschen, nicht der Hass.

Ich habe selber erlebt, wie schwierig es ist, einen Vater zu lieben, den man nie gekannt hat. Es war für mich sehr schwierig, das ungewollte Kind zu sein. Jetzt kenne ich den Zusammenhang und kann es verstehen. Ich hatte das Glück selber Kinder zu haben und ich habe mich auch innerlich mit den Kindern befassen können. Ich wusste damals nicht, dass die Kinder sich uns ausgesucht haben. Ich habe sie gerne geboren. Es wäre wunderbar, wenn alle Frauen die Geburten so gut und gerne erleben würden.

Wir gebären Tausende von Kindern in bösen Gedanken, aus Rache oder Unzufriedenheit, oder Geiz, die Liste ist unendlich lang. Die Gedanken sind das grösste Geschenk, das uns der Schöpfer gegeben hat, aber wir brauchen unsere Gedanken nur zu einem ganz kleinen Teil und wenn wir sie gebrauchen, dann fast nur im Negativen. Ich bin das, was ich denke. Auch was ich ausspreche, denn der Gedanke hat die grösste Macht. Leider missbrauchen wir diese Macht oft. Es ist nicht so einfach, dies alles zu verstehen, geschweige denn, es umzusetzen. Wir haben zu lange gedanklich geschlafen. Darum können wir unmöglich verstehen, dass die Gedanken, die wir machen, zu etwas Produktivem zu gebrauchen sind. Es ist einfacher zu sagen, die anderen sind schuld an meinem schwierigen Leben. Ich bringe wieder ein Beispiel aus meinem Leben. Als ich sechs oder sieben Jahre alt war, gab es in Italien Krieg. Mein Stiefvater war im Militär und er wurde nach Ex-Jugoslawien geschickt.

Meine Mutter und ich gingen mit. Es waren keine guten Erfahrungen für mich in diesem Land. Ich war voller Ängste und musste viele Entbehrungen erleiden. Ich habe schon gesagt, dass ich viel malte und ich hatte viel Phantasie. Ich malte immer alles, was ich sah und was ich auch nicht wirklich sah. Die Vorstellungskraft, die in uns ist, kann man für wichtige Dinge nutzen, aber sie kann auch das Gegenteil bewirken, sie kann zerstörerische Dinge entstehen lassen. Zum Beispiel die Atombombe. Als wir nicht viel zu Essen hatten während des Krieges, konnte ich mir zwei Stück Brot vorstellen und dachte einfach, dass das eine Stück davon der Käse ist. Und es hat tatsächlich nach Käse geschmeckt, so gross war meine Vorstellungskraft!

Die meisten Leute, die bei mir eine Maltherapie machten, fanden die erste Zeit sehr seltsam und ungewohnt. Sie sagten oft: „Ich kann aber nicht schön malen." Sie haben es oft schon als Kind gehört: „Was ist denn das? Sollte dies ein Apfel sein? Das sieht aber nicht aus wie ein Apfel, du kannst ja gar nicht zeichnen", und so weiter. Dass das Malen eine innere Entwicklung mit sich bringt, merken sie erst als Erwachsene, wenn überhaupt. Man sollte nie Kritik ausüben, besonders nicht an einem Kind, sonst wird es später ständig Hemmungen haben und denken, dass es nicht begabt ist. Diese Menschen sollten sich zurückerinnern, sie haben als Kind bestimmt das Gleiche hören müssen und üben jetzt ihrerseits Kritik aus.

Sie sollten keine Hemmungen haben, denn bei mir bekommen sie keine Note. Sie werden überrascht sein, wie viel Freude es machen kann und vor allem, dass die Zeichnungen sogar erstaunlich gut sind. Sie fragen sich wahrscheinlich: „Habe das tatsächlich ich gemalt?" Oft sind wirklich wunderschöne Bilder entstanden. Manchmal auch sehr schmerzhafte Bilder, denn sie entstehen tief aus dem inneren Unterbewusstsein und da kann es manchmal auch unschön sein. Ohne Maltherapie wären diese Dinge nie an die Oberfläche gekommen und

konnten somit auch nicht verarbeitet werden.
Es kommen Erinnerungen oder Erlebnisse hervor, die man schon lange vergessen glaubte. Jetzt sind sie aber da und dann kann man sie zusammen lösen und verarbeiten.

Für vieles, was in uns vergraben war, gibt es nun eine klare Antwort. Für Unsicherheiten, Versagensängste im Alltag, in der Partnerschaft, im Beruf. Alles wird nun mit anderen Augen betrachtet. Sicher, es braucht sehr viel Mitgefühl mit diesen Menschen, die oft sehr viele Verletzungen erlebt haben. Man muss viel Verständnis für sie aufbringen, Empathie zeigen und manchmal auch einfach schweigen können. Akzeptieren, wenn jemand auch einmal weint.

Dies ist für den Genesungsprozess sehr wichtig. Tränen dürfen fliessen. Ich hatte einmal eine Frau bei mir in der Therapie, die die ganze Sitzung nur geweint hat. Meine Liebe und das Verständnis meinerseits konnten ihr helfen.

Das Akzeptiert werden, denke ich, ist das Wichtigste im Leben. Jeder Mensch sehnt sich nach Akzeptanz. Solange wir uns nicht akzeptieren wie wir sind, wird der Andere das auch nicht tun. Da fängt für mich die grosse Herausforderung an, Leute zu begleiten. Es ist ein ständiges Spiegeln. Ich spiegle mich in meinen Schülern ständig. Ich muss stets Selbstdisziplin üben. Ich kann und darf Niemanden kritisieren, sonst ist dies eine Kritik mir gegenüber. Alles, was ich im Anderen sehe, spiegelt sich in mir wieder.

Was hat das mit Maltherapie zu tun? Die meisten Menschen, die das erste Mal zu mir kommen, sind sehr verletzt, wütend. Sie sehen die eigenen Probleme nicht, die Anderen sind an allem schuld. Sie suchen die Fehler nicht bei sich selber.

In der Maltherapie beginnt man, alles genau anzuschauen und man lernt sich zuerst selbst zu akzeptieren, sich zu lieben und sich selber zu verstehen. Denn alles, was man als Kind erlebt hat, wurde verdrängt und kommt mit der Maltherapie wieder hoch. Alle Gefühle, die nicht gelebt wurden, Ängste, Sorgen etc. Man kann plötzlich ganz sachlich über diese Dinge reden. Dies ist mit der Maltherapie möglich, weil mit Symbolen, Farben und Wasser etwas im tiefen Unterbewusstsein langsam arbeitet und hochkommt. Es tritt ein neues Denkmuster ein. Man wird ruhiger und ausgeglichener und harmonischer mit der Umwelt. Ich bin ein Abbild Gottes. Wenn alle so denken würden, würde sich die Gesellschaft ändern.

Dann müsste man beginnen zu sich selber ehrlicher, verständnisvoller und liebevoller zu sein, damit man die Spiegelbilder von den Anderen auch ehrlich betrachten kann. Dies ist nicht so einfach. Ständig werden uns die eigenen Spiegelbilder vorgesetzt.

Sie anzuschauen ist nicht immer einfach und man braucht viel Kraft und Energie.

Wie geht die Maltherapie?

Man sollte vor allem keine Angst haben vor dem Malen. Das gehört zum Menschen.
Ein kleines Kind nimmt einen Bleistift oder Farbstift und malt, das ist für das Kind selbstverständlich. Die Freude an der Farbe und an den Formen. Erst wenn man in die Schule kommt, werden wir leider geformt. Das ist falsch, denn man ist dann nicht mehr frei und unbeschwert.
Wenn die Leute das erste Mal in die Maltherapie kommen, fragen sie als erstes: „Was muss ich malen? Ich kann nicht malen." Da ist schon wieder diese Angst, diese Konditionierung, welche sie als Kind erhalten haben. Dass dies nichts mit schönem Malen zu tun hat, nicht mit Können, sondern dass das von der Seele heraus gemalt wird, das verstehen am Anfang die wenigsten. Malen, was man fühlt, welche Emotionen hochkommen, darum geht es.

Jeder Schüler, der zu mir kommt, muss zuerst ein Charakterbild malen. Anhand von diesem ersten Bild sehe ich sofort, was für ein Mensch zu mir kommt und was das Problem von dieser Person ist. Anhand der Farben und Formen kann ich mich orientieren, wie ich ihm/ihr helfen kann. Dies ist meist ein langer Prozess.

Dieses Bild zeigte mir, dass viel Potenzial in diesem Mann steckt, aber er war völlig in sich eingeschlossen und hatte Probleme, nach aussen zu gehen.

Das zweite Bild, welches der Schüler jeweils malen muss, ist der Tunnel.

Hier zeigt sich, dass dieser Mann keine Aggressionen hatte. Das Gelb, das Licht ist ein Durchbruch. Das heisst, er hat gute Chancen sich zu öffnen.

Die Höhle gilt auch als eines der wichtigsten Bilder in der Maltherapie. Es zeigt uns, wie wir uns von allem Schlechtem beschützen können. Grün ist die Herzfarbe und Gelb der Verstand.

Dies gibt uns viel zu verstehen, wie sich diese Person verhält.

Dieses Bild zeigt seine Ängste. Er fühlte sich immer wieder allein gelassen und ausgenutzt. Und genau das passierte ihm ständig mit seinen Partnerinnen. Er wurde zuerst ausgenutzt und dann haben sie ihn immer verlassen.

Jetzt ist er verheiratet und hat zwei Kinder.

Gedanken sind wie Wegweiser

Wenn wir ein bewusstes Denken an den Tag legen würden, wären wir gesünder, glücklicher und stärker. Jedes Mal, wenn ich dies jemandem sage, werde ich nur mitleidig angeschaut. Es wird immer noch viel zu wenig an das geglaubt. Es ist natürlich auch zu anstrengend, etwas Anderes zu glauben und es erfordert eine stetige Gedankenkontrolle. Die Gedanken sind schöpferische Kräfte, die in uns allen schlummern. Heutzutage erleben wir eine gefährliche Entwicklung. Wir lassen uns von den Medien verführen. Alles schon fertiggestellt.

Sogar die Kinder brauchen nicht mehr viel zu denken. Durch dieses System wird ihnen die eigene schöpferische Kraft genommen. Die Phantasie ist leider nicht mehr vorhanden und die eigene Initiative ist blockiert. Die Eltern haben keine Zeit mehr und die Lehrer sind überfordert. Langsam, aber sicher wird sich auch an der Schule ein Chaosdenken entwickeln.

Das Familiendenken ist auch nicht mehr vorhanden. Richtiges Denken heisst nicht zerstörerisch denken, sondern sich weiterentwickeln. Wir haben so ein grosses Potenzial in unserem Gehirn und wir sind nicht mal fähig dieses zu einem Viertel zu gebrauchen. Alles, was wir denken ist mächtig und weniger gut. Ich verzichte auf das Wort „böse“.

Wir können auch die Formulierungen anders denken und - wieso denn nicht - ins Positive drehen. Immer wieder beobachte ich, wie die Menschen auf vielen Ebenen stehen bleiben. Es war immer so, also wieso sollen wir etwas ändern? Dann wundern sie sich, dass es nie weitergeht. Oder das, was die Mutter oder der Vater sagte, müssen sie unbedingt auch denken. Wir alle sind ein Individuum und zwar jeder einzelne. Es kann nicht sein, dass ich genau gleich bin wie die Eltern oder die

Grosseltern. Vielleicht im physischen, aber nicht im psychischen Sinne, also im Denken.

Ich bin immer überrascht, wie die Menschen auf alles Neue, Moderne eingestellt sind. Aber nicht mit dem Denken. Da sind sie stehengeblieben. Sie fliegen mit dem neuesten Jet, aber sie denken mit einer Kutsche. Es ist wirklich so, wie oft hört man Eltern sagen: Ach, du bist genau wie dein Vater. Dies ist nicht positiv gemeint. Dieses Kind wird von diesem Gedanken abgestempelt. Es denkt sich so, obwohl es nicht stimmt. Bis eines Tages dieser brave Bursche sich so sieht wie der Vater, evtl. als Versager. Solche Gedanken sind sehr gefährlich. Alles dreht sich um die Gedanken, die ganze Welt wird durch unsere Gedanken geführt.

Gott hat uns den freien Willen gegeben. Wir sind Schöpfer mit diesen Gedanken im Krieg und im Frieden. In Liebe und im Hass. Wir sind für alles selber verantwortlich. Für das ganze Geschehen auf dieser Welt. Solange wir uns dies nicht bewusstmachen, ernten wir, was wir gesät haben.

Malen als Befreiung

2006 - Sich von allem befreien, was einen beschäftigt, den Kübel leeren. Sonst gibt es eines schönen Tages Implosionen oder Explosionen. Implosion ist die Depression, die Aggression gegen sich selber. Die Explosion geht nach aussen, mit schweren Auswirkungen für die eigene Person und die Umwelt.

Ich finde es schade, dass die Schule diese Kunst so wenig fördert. Dabei ist es für die Kinder und Jugendlichen eine wichtige Hilfe während der Schulzeit. Man könnte, wenn Schwierigkeiten auftreten, diese mit Malen verarbeiten. Darüber reden, anstatt sie zu vergraben. Ich habe dann ein visuelles Bild davon, was mich schmerzt. Ich bin überzeugt, wenn die Maltherapie in die Schule integriert würde, als freiwilliges Fach, hätten die Schüler viel weniger Aggressionen und Hemmungen gegenüber den Lehrern oder Mitschülern. Es würde eine ganz andere Beziehung entstehen, mit der Schule, mit der Umwelt, mit den Eltern etc. Heutzutage geht ja alles rasanter als vor 50 Jahren.

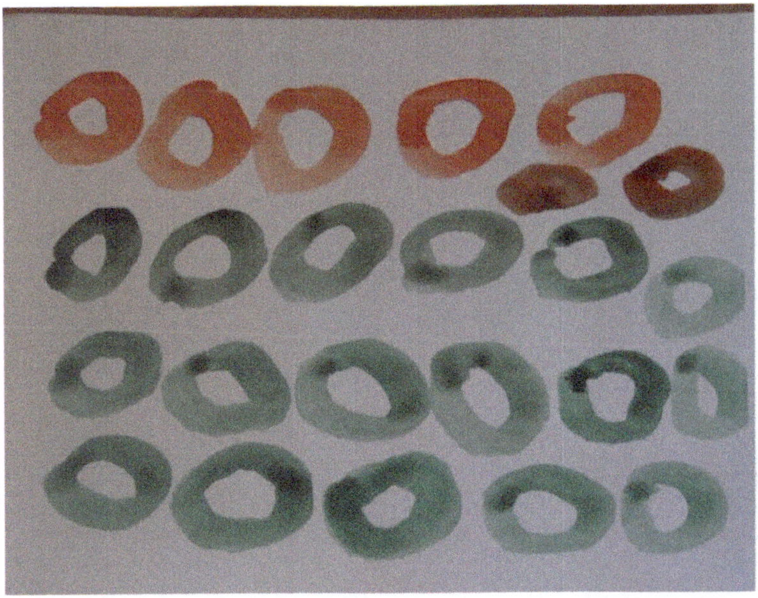

Diese Bilder stammen von einer Schülerin von mir, nennen wir sie Maria. Als sie zu mir kam, nahm sie Psychopharmaka. Sie hatte einen Anfall von Parkinson. Das erste Bild oben, war ganz schlicht gemalt. Nur Kreise, zu etwas anderem war sie dazumal nicht fähig.

Auf dem zweiten Bild malte sie ihre Familie. Sie trägt ihre Familie auf den Schultern. (Dies war auch ein Grund für ihre Parkinson-Krankheit.) Sie hatte ein schweres Leben. Sie kam drei Jahre zu mir in die Therapie. Das letzte Bild auf dieser Seite zeigt, dass sie eine grosse Entwicklung durchgemacht hatte. Sie konnte ihr Eigenbild malen. Hier sieht man deutlich den Unterschied zwischen dem ersten und dem letzten Bild.

Durch das Malen erreichen wir innere Harmonie

Malen ist die Heilung der Zukunft.
Der Mensch muss lernen, die Individualität kosmisch und global in sich zu integrieren und dann nach aussen zu reflektieren. Ein Ego zu haben ist gut, aber egoistisch zu sein, ist nicht empfehlenswert.

Malen als Lebenshilfe, dies hilft uns die Lektionen, die uns das Leben tagtäglich erteilt, zu verstehen.

Klar haben wir das ganze Leben Lektionen zu lernen, aber es wird immer einfacher, weil wir durch das Malen Kraft und Freude bekommen; man wird ausgeglichener. Es ist schade, dass in der Schule immer weniger Kunst gelehrt und gelernt wird. Kinder und Jugendlichen wird so ihr kreatives Potenzial gar nicht bewusst. Es ist traurig, dass die Schule viel Geld in Computer investiert und es ist schlecht diese zu haben, denn für die Jugendlichen sind sie ein Energieräuber.

Die eigenen Talente und Begabungen verkümmern. Die Natur wird vergessen, nur das Fussballspielen wird noch grossgeschrieben, die Massenansammlungen. Dies bringt die Menschen weg vom eigentlichen Leben und von den inneren Werten. Es ist gut Sport zu machen, es ist aber nicht gut es damit zu übertreiben.

Schon als Kind war für mich das Malen, das Singen und Musizieren das Wichtigste. Nach dem Krieg konnte ich mich mit diesen Begabungen befassen und ich konnte so viele schwierige Situationen verarbeiten. Ich glaube schon, dass dort die Wurzeln dieser späteren Form von Malen entstanden sind. Es ist wichtig, dass die Menschen diese Angst vor dem Malen ablegen. Ihnen wurde schon als kleines Kind eingeflüstert: „Du kannst ja nicht malen, das ist nicht schön." Dann haben sie den Mut verloren, etwas Eigenständiges zu kreieren. Viele Eltern und Lehrer wissen nicht, was für grosse Fehler sie gemacht haben mit diesen Bemerkungen.

Das habe ich immer gemacht, wenn ein Schüler oder eine Schülerin zu mir in die Maltherapie kam. Ich nahm ihm oder ihr die Unsicherheit, nicht nur im Malen. Es gibt eine ganze Palette an Komplexen, die ein Mensch wegen genau solcher Bemerkungen trägt. Dann will er mit Niemandem darüber sprechen, weil er seine Schwächen nicht zeigen will. Es gibt eigentlich keine Schwächen, es gibt nur Ängste, nichts richtig zu machen oder zu können. Ich muss immer wieder betonen, das hat mit mangelnder Liebe zu tun.

Jeder, der bei mir diese Maltherapie gemacht hat, hat gelernt sich zu lieben, sich zu akzeptieren und ernannte sich als „ich bin". Leider wird viel zu wenig gelernt, diese eigenen Begabungen als etwas Grossartiges anzuschauen. In uns allen haben wird dieses grosse Können, Wissen und wir alle sind Künstler auf irgendeinem Gebiet, wir sollten an uns glauben. Dieser Glaube an sich kann Berge versetzen. Jesus sagte, wir sollten wirklich an ihn glauben und an uns.

Es ist klar, es ist ein langsamer Prozess, diese Maltherapie. Es geht nicht von heute auf morgen. Jedes Bild, welches gemalt wird, zeigt uns, wo etwas Besonderes begraben liegt, etwas Verdrängtes oder Vergessenes, im Unterbewusstsein. Man ist sich diesen besonderen Eigenarten oder Systemen, Krankheiten etc. nicht bewusst.

Vergessen wir nicht, wir haben jahrelang mit diesen Mustern gelebt und jetzt zeigt mir dieses Bild, das ich gemalt habe, was nicht recht oder klar gesehen worden ist. Es ist wie ein Puzzle: Es werden mehrere Teile gesucht, die nie richtig geklärt worden sind und dann haben wir das vollkommene Bild.

Denn wir Menschen sind auch vollkommen, wir müssen nur daran glauben.

Schauen wir doch mal, wie ein Kind aussieht, wenn es geboren wird. Es hat noch nichts gelernt, und doch ist es perfekt. Der Schöpfer hat das getan, damit wir auch verstehen, dass wir perfekt sind, und zwar in allem, wenn wir nur daran glauben und es auch wollen.

Es fängt schon im Mutterleib an, diese Perfektion. Wenn die Mutter sich mehr mit diesem Wunderkind befassen würde, dann hätten wir auch eine perfekte Welt. Die Liebe der Mutter und die Liebe des Vaters sind das Wichtigste für dieses Kind. Wenn sich die Eltern geistig verbinden würden und dem Kind Geborgenheit und selbstlose Liebe geben würden. Es gibt dann die kosmische Geburt, das absolute Glück. Das ist sehr selten, so eine perfekte Geburt.

Der Mensch muss sich das erarbeiten und die Maltherapie ist eine solche Arbeit, eine strenge und schwierige Arbeit.

Ich verglich die Maltherapie immer mit einer Lasagne: Wenn man sie anschneidet, sieht man die verschiedenen Schichten und mit der Maltherapie arbeiten wir an diesen Schichten, bis keine mehr übrig ist. Dann ist man zum Teil befreit von diesen schweren Sorgen, die auf dem Magen und der Seele lagen.

Der Krankheit einen anderen Namen geben

Solange wir nicht lernen, die Wörter anders zu gebrauchen, solange werden wir nicht vorwärtskommen. Das Wort Krankheit ist in aller Mund. Ich bin krank, ich war im Spital, ich muss zum Arzt gehen, ich werde operiert usw. Das sind die Gespräche, die man oft hört. Ich kannte eine Frau, die mir sagte, ich muss ins Spital gehen und mich einer Operation unterziehen lassen. Als ich sie bedauerte, meinte sie: "Das ist nicht schlimm, es ist meine achte Operation, aber im Spital wird man so gut behandelt. Die Ärzte sind so nett und die Krankenschwestern verwöhnen einen".

Tja, so kann man auch Liebe gekommen. Wenn ich krank bin, bekomme ich Aufmerksamkeit und Zuneigung, die ich sonst nicht bekommen würde. Es gibt viele Arten, die „Krankheit“ zu lieben und Vorteile daraus zu ziehen.

Wir haben die Macht des Wortes noch nicht verstanden. Wenn wir ständig sagen, ich bin krank, bestätigen wir nur, dass wir krank sind. Ich sage nicht, dass im Moment dieser Körperteil oder jenes Organ tatsächlich nicht in Ordnung ist, aber ich versuche anders über diesen Umstand zu denken, ihn ins Positive zu wenden. Das würde bestimmt jedem helfen aus dieser Situation heraus zu kommen. Es ist nur die Seele, die krank ist, der Körper kommt später, wenn man auf die Mitteilung der Seele nicht hört. Das Denken ist der grösste Reichtum, den die Menschen erhalten haben. Es wird nur leider nicht richtig gebraucht.

Auch der Glaube fehlt. Der Glaube, gesund zu sein. Jesus sagte: „Der Glaube versetzt Berge.“

Er wollte zeigen, welche Macht unsere Worte haben. Krankheit hat zum Ziel, geliebt zu werden. Sicher sträubt sich jeder dagegen, wenn er das hört. Man wird ja nicht absichtlich krank. Nur das Denken kann uns helfen, die Krankheit zu besiegen. Was noch viel wichtiger ist: Die prophylaktische Übungen. Arbeiten mit den Zellen. Sich gesund fühlen und denken. Der Körper gibt uns ständig Mitteilungen, wie wir reagieren sollen, wenn sich ein Körperteil oder Organ meldet. Das Wichtigste ist, dass wir lernen uns zu lieben. Hören, was meine Seele zu sagen hat. Ja, wir vergessen immer der Seele zuzuhören und zu verstehen. Der Körper ist wie ein Tempel.

Ein Tempel wird gepflegt, sauber gehalten, innen wie aussen, genau so sollten wir es mit unserem Körper tun. Wir sind von der Schöpfung perfekt gemacht worden. Alles stimmt, jede Bewegung, jedes Organ ist so gebaut, dass es mit allen anderen Organen zusammen in Harmonie ist.

Ich bin überzeugt, dass der Mensch nicht krank wird, solange er an seine innere Stimme glaubt. Wir erwarten immer Hilfe von aussen und glauben nicht, dass Hilfe auch von uns selbst kommen kann.

Wir warten auch meist so lange, bis es zu spät ist, bis die Krankheit sich offenbart. Wir sollten mehr auf unsere eigenen Antennen achten.

Denn wir werden nur krank, weil wir uns in Disharmonie befinden. Das entsprechende Organ reagiert dann sofort. Wir sollten dann mit den Zellen sprechen, Mitteilungen geben, die Energie fliessen lassen, um die geschwächten Organe wieder zu kräftigen.

Jede Zelle ist ein Universum für sich. Alles funktioniert perfekt und nur wenn ein Chaos passiert, wird das Organ krank. Alles haben wir in der eigenen Hand. Wir haben von der Schöpfung diesen grossartigen Körper bekommen. Wenn wir entsprechend leben würden, wäre dieser Körper nie krank.

Das Thema Krankheit gehört auch zur Zellenarbeit. Ich denke mich gesund. Die meisten denken sich krank. Sobald wir uns eine Erkältung holen oder

Magenschmerzen haben, fühlen und denken wir uns krank. Somit bestätigen wir dies auch. Ich will gar niemanden angreifen, weder die Ärzte noch die Patienten, aber früher einmal haben wir dieser Erkältung Zeit gelassen sich selber zu kurieren. Mit etwas Bettruhe, Tee etc., damit der eigene Körper sich heilen kann.

Heute greift man sofort zu starken Medikamenten. Geht sofort wieder arbeiten. Gönnt sich keinen Tag Ruhe und Schlaf. Das ist unsere Gesellschaft, man „darf" oder „will" nicht krank sein. Es gibt keine Krankheit, es gibt nur falsches Denken oder Liebesentzug.

Ich musste einmal in jungen Jahren in eine Erholungsklinik, wegen meines nervlichen Zustands. Ich arbeitete damals noch nicht mit meinen Zellen. Aber schon damals vermied ich das Wort „krank sein".

In dieser Klinik waren einige ältere Frauen, manchmal kamen bis zu zehn Frauen an meinen Tisch. Jede hatte ihre eigene Geschichte. Aber etwas hatten sie alle gemeinsam, sie sagten alle, wir sind nicht krank, wir haben nur zu wenig Liebe bekommen. Sei es von den Eltern, von den Ehemännern, Kindern etc. und jetzt sind wir alt und unglücklich. Unser Herz ist krank nach Liebe. Sie sagten mir, indem ich ihnen zugehört hätte, hätte ich ihnen Liebe gegeben.

Ich war sehr berührt, obwohl ich auch aus genau demselben Grund dort war. Ich habe auch zu wenig Liebe bekommen. Ich versuchte aber den Frauen das zu geben, was ich konnte. Ich schenkte ihnen Aufmerksamkeit, ich hörte ihnen zu, wenn sie von ihrem Leid erzählten, tröstete sie, versuchte etwas Lustiges zu sagen, damit sie wieder lachen konnten.

Und eine Umarmung hie und da wirkte Wunder. Von dort an wollte ich den Menschen helfen und entwickelte die Maltherapie. Es war ein schmerzhafter, langer Weg, aber am Schluss war ich am Ziel.

Den Leuten, die zu mir in die Maltherapie kamen, habe ich geholfen diese Liebe zu bekommen, die sie nie erlebt haben. Jeder Mensch will geliebt, geschätzt, geachtet werden. Fehlt all dies, dann wird er krank. Das ist alles ein Spiegelbild unserer Gesellschaft, die Gesellschaft ist eben „krank".

Gesellschaft heiss eigentlich Beisammensein, Freundschaft, Liebe. Aber wenn wir unsere heutige Gesellschaft anschauen, ist das alles andere als ein Zusammenhalt.

Ich war immer überrascht, wie schnell die Maltherapie wirkte. Nach mehreren Stunden malen konnten die Menschen sofort eine innere Befreiung spüren und oft sagten sie: „Seit ich male, habe ich keine Krankheiten, Schmerzen oder Symptome mehr."

Vor allem nach dem Malen gab es ein visuelles Bild, darauf sah man, was dieses Symptom bedeutet und es entstand keine Krankheit dadurch.

Wir sollten lernen Krankheit anders zu verstehen und anders zu benennen. Fragen Sie Ihre Seele: Was willst du mir damit mitteilen? Wenn ein Organ sich meldet, kann man auch mit ihm sprechen. Was kann ich tun, damit es dir gut geht? Man ist dann sein eigener Arzt und verschreibt sich selbst die Medizin. Ich habe eine grosse Kraft und grosse Reserven in mir. Dies hilft mir die „Krankheit" zu besiegen, bevor sie sich offenbart und ausbricht.

Dieser Schüler war ein Komapatient. Nach einer Schilddrüsenoperation bekam er eine Blutung und fiel drei Monate ins Koma.

Nach mehreren Sitzungen konnte er sich selber sehen.

Nach einigen Sitzungen mehr - er kam nur an ein paar Sitzungen - konnte er sich selber Fussballspielen sehen und malen. Als ehemaliger Komapatient war dies ein grosser Entwicklungsschritt. Der Fortschritt war sichtbar.

Es gibt keine Erziehung, es gibt nur Vorbilder

Ich war etwa sieben Jahre alt, als wir eine Frau besuchten, die ein Kind erwartete. Sie lag im Bett und hatte keinen dicken Bauch mehr. Ich kombinierte dies mit dem Kind. Ich wurde ja nicht aufgeklärt. Ich war ein Einzelkind, hatte keine Geschwister, die mir etwas beibringen konnten. Ich fragte einmal meine Mutter, wie ich geboren wurde, aber sie erzählte mir nicht viel, das machte mich sehr traurig.

Ich fragte dann meine Mutter, wieso diese Frau jetzt keinen dicken Bauch mehr habe, dafür ein Kind? Meine Mutter druckste nur herum. Für mich war dies selbstverständlich, dass dieses Kind aus dem Bauch der Frau kam. Wieso erklärte mir dies nur keiner? Ich hatte meine Mutter nie mehr nach solchen Dingen gefragt. Ich wusste, sie würde mich nur anlügen.

Die Erwachsenen sollten für ihre Kinder Vorbilder sein. Ich war 16 Jahre alt, als meine Mutter starb. Ich glaube, sie dachte immer noch, dass ich auch mit 16 nichts über Geburt oder Sexualität wüsste.

Heutzutage werden die Kinder über das Fernsehen, Kameraden oder Internet aufgeklärt. Die Eltern haben immer noch keine Zeit oder wollen nicht über diese Dinge reden.

Das ist keine gute Erziehung. Es ist das Gleiche, was unsere Regierung macht: Immer alle bestrafen und in die Gefängnisse stecken und denken, damit sei es getan! Die Gefängnisse werden zwar immer voller, die Zahl der Verbrechen nimmt aber trotzdem nicht ab. Anstatt andere Lösungen oder Therapien zu finden, schauen wir zu, ohne etwas zu verändern. Wir haben aber Gott in uns, wir sind Gott. Wir haben von ihm die Kraft bekommen, vieles zu verändern.

Ich habe viel erlebt, im Krieg. Ich sah den Erwachsenen vieles an, wenn ich in deren Augen schaute.

Ich sah auch, wenn ein Mensch alkoholisiert war oder wenn einer bald sterben würde. Es war für mich eine schwere Last. Ich konnte mit niemanden darüber reden, meine Mutter war auch hellsichtig, aber sie sagte mir immer, ich dürfe dies niemandem erzählen. Sie hatte Angst. Sie sagte, die Leute denken, wir seien nicht normal. Ich musste auch nach dem dramatischen Tod meiner Mutter immer mein Leben selbst meistern.

Die Kinder sind unsere Lehrer

Ich habe von den Kindern, die ich geboren habe, sehr viel gelernt.
Ich nenne sie nicht meine Kinder, weil sie nicht mein Eigentum sind. Sie haben mich und ihren Erzeuger nur ausgesucht für eine bestimmte Zeit, um gewisse Erfahrungen in diesem Leben zu machen. Man kann sie als Gäste ansehen.

Ich habe sehr viel Liebe von ihnen bekommen und eine andere Denkweise. Jetzt sind es die Grosskinder, die das Denken verändern oder neue Impulse geben. Kinder sind unverfälscht, rein und klar. Wir Erwachsenen versuchen immer die Kinder zu konditionieren. Wir versuchen, unsere Wünsche und unser Wissen in sie hinein zu projizieren. Bis sie dann, wenn sie erwachsen sind, alle unsere Fehler und schlechten Gewohnheiten übernommen haben. Diese Nachahmung ist oft nicht leicht, vor allem wenn die Eltern nicht integer waren. Die Kinder sehen ganz genau, ob die Eltern oder die Leute ehrlich sind mit Ihnen. Schauen Sie in die Augen der Kinder, dort steht alles geschrieben. Wir Erwachsenen haben nie Zeit, auf die Kinder einzugehen, auf ihre Wünsche, Zärtlichkeiten etc.

Alles geht zu schnell. Heutzutage haben die Eltern noch weniger Zeit für die Kinder. Sie müssen arbeiten. Die Kinder werden schon morgens in die Tageskrippe gebracht, alles im Stress. Keine Zeit für Liebe und Geborgenheit. Alles ist programmiert, der ganze Tag strukturiert. Und dann fragt man sich, wieso die Jugend so aggressiv ist. Sie haben gar nie „Nestwärme“ erleben können. Die ganze Gesellschaft ist so aufgebaut. In der Schule ist der Lehrer auch gestresst, die Kinder sind schon am Morgen müde und unkonzentriert. Am Abend hat man noch lange Fernsehen geschaut. Die Seele ist oft von diesen Programmen angespannt und die Kinder werden ängstlich, je nach dem, was sie gesehen haben.

Die Kinder sind die Gesellschaft von Morgen, sagt man immer. Aber bitte, was soll das für eine Gesellschaft werden? Sie fangen schon früh an zu rauchen, Alkohol zu trinken, die kostbare Kraft der Sexualität sehr früh zu gebrauchen. Alles ist erklärt, aber nicht von den Eltern, denn diese haben keine Zeit. Sie lernen die Aufklärung durchs Fernsehen, durch Sexvideos oder durch andere Schüler. Die Liste ist sehr lang. Ich bin kein prüder Mensch, aber man sollte den Jugendlichen ein anderes Wissen von der Sexualität geben. Gespräche mit ihnen führen, ihnen eine Hilfe sein, um zu verstehen, was Sexualität überhaupt ist. Viele glauben, die freie Sexualität wäre gut.

Diese ungebremste Freiheit kann zu riesigen Problemen führen. Die Freiheit bringt ihnen später die Gefangenschaft.

Man hört in letzter Zeit oft, dass Jugendliche andere Jugendliche, zum Teil eigene Kolleginnen vergewaltigen. Das haben sie im Internet oder in Sexfilmen gesehen. Die Kinder brauchen von klein auf Liebe und Geborgenheit im Schoss der Familie und nicht in Tagesheimen.

Das verstehen die meisten Frauen leider nicht. Sie wollen Geld verdienen und auch viele Freiheiten haben. Die Folge davon ist, dass die Kinder „abgeschoben" werden. Ich möchte niemanden angreifen, ich möchte nur auf diesen Zusammenhang aufmerksam machen.

Ich weiss, dass nicht viele Frauen gerne lesen oder hören, was ich hier schreibe. Wir Erwachsenen haben noch nicht verstanden, dass die Kinder schon alles in sich tragen.

Wir glauben aber, sie müssten unser altes Wissen lernen und verstehen, welches oft gar nicht weise ist und nicht mehr in dieses Jahrhundert passt. Wir sollten viel öfter mit den Kindern arbeiten und verstehen, was sie uns sagen wollen und dies auch akzeptieren.

Sie haben ein unverfälschtes Wissen, es ist klar. Wir können ihnen nur etwas beibringen, indem wir ein gutes Beispiel und Vorbild sind.

Ich bin oft traurig, wenn ich Eltern sehe, die keine Geduld mit ihren Kindern haben. Die Kinder können noch kaum laufen und doch wollen sie es alleine versuchen. Die Eltern dagegen reissen sie an den Händen oder tragen sie, nur weil es schneller geht. Oft weinen die Kinder und die Mütter oder Väter schreien sie sogar noch an. So werden die Kinder sehr unsicher. Die Eltern haben einfach zu wenig Zeit für ihre Kinder. Sie merken oft nicht, was die Seelen dieser Kinder am dringendsten brauchen, nämlich Liebe. Aber Geld verdienen ist den Eltern meist wichtiger. Dabei könnte man mit weniger auskommen, wenn die Prioritäten anders gesetzt wären. Man braucht nicht drei Mal im Jahr in die Ferien zu fahren, man muss nicht die ganze Welt bereisen, man braucht nicht zwei Autos, drei Fernseher, IPhones, Computer, Handy etc. Das ist keine Liebe, keine Geborgenheit. Das ist die Gesellschaft der Zukunft!

Die meisten Leute, die in meine Maltherapie kamen, haben erwähnt, dass ihre Eltern nie oder viel zu wenig Zeit für sie hatten. Sie sagten etwa: „Meine Mutter hatte keine Zeit und mein Vater war nie daheim.“ Es waren starke Schmerzen und Verlustängste zu spüren, die immer noch nicht überwunden waren. Ein Schüler sagte mir mal: „Ich hatte jeden Abend Angst, wenn meine Eltern ausgingen. Ich musste immer bei der Grossmutter bleiben. Ich hatte Angst, dass sie nicht mehr zurückkommen würden.“

Und: „Als mein Vater starb, hatte ich noch mehr Angst, dass meine Mutter ebenfalls nicht mehr kommt, wenn sie abends weggeht. Ich fuhr ihr mit dem Trottinett nach, als sie bereits im Tram war.“ Das sind Ängste und

Unsicherheiten, die nie mehr ganz verarbeitet werden können. Das innere Kind hat solche Erlebnisse tief in der Seele verankert.

Die Eltern kaufen ihren Kindern auch immer schon fixfertige Spiele, die Phantasie muss gar nicht mehr angeregt werden. So entstehen keine selbständigen Menschen. Das Kind heute weiss nicht mal mehr, woher die Milch kommt. Die Mütter haben keine Zeit mehr zu kochen, alles sind Fertiggerichte.

Ich erinnere mich, dass wir während der Kriegszeit keine Spielzeuge hatten, aber wir machten mit wenig viel. Ich bekam einmal von meinem Vater so Metallstäbchen, etwa 10-15 cm lang. Mein Vater brachte diese vom Militär mit, eine ganze Schachtel. Ich bastelte damit kleine Möbel. Ich brauchte viel Phantasie, aber war immer gut im Basteln. Es war kompliziert, aber ich bastelte daraus Stühle und Tische.

Der Mensch hat sehr viele Möglichkeiten etwas zu entwickeln. Aber auch die letzte Phantasie geht zu Grunde. Obwohl heute so eine Desorientierung bei der Jugend herrscht, sind die meisten anständig und nett.

Ich glaube wir brauchen keine Schule, so wie sie jetzt ist. Die Kinder haben eine eigene, innere Uhr und würden ganz alleine lernen. Je mehr wir den Kindern die Freiheit lassen zu lernen, desto produktiver sind sie. Wir wollen immer unseren Willen aufzwingen und oft sind wir nicht lieb mit den Kindern. Kinder brauchen Lob und Anerkennung. Sie können uns trösten und liebhaben. Sie sind unsere Lehrer.

Viele Leute, die in meine Maltherapie kamen, haben von den Eltern nie Lob erhalten, sie haben immer das Gefühl, sie seien Versager. Das macht unsichere Leute traurig und depressiv.

Die Konfrontation mit dem weiblichen Prinzip, der Mutter

Die Mutter ist das erste Bild, das im Leben eines Menschen auftritt. Falls man das Glück hat, dass die Mutter das Kind behalten kann oder will. Dieser erste Kontakt mit der Mutter, der natürlich bereits während der Schwangerschaft in ihrem Leib vorhanden war, ist sehr wichtig. Leider wird dem zu wenig Wert beigesteuert.

Die Mutter sollte während der Schwangerschaft schon den Kontakt mit dem Kind pflegen. Alles in uns ist lebendig und bleibt nicht still. Leider ist den Frauen oft nicht bewusst, dass der Kontakt schon vorhanden ist. Jetzt kann die Wissenschaft beweisen, dass die Stimmung der Mutter auf das Kind im Bauch übertragen wird. Man kann das Kind beobachten. Die Gedanken, die Gefühle der Mutter werden immer auf das Kind im Leib übertragen.

Die Schöpfung hat der Frau eine grosse, vielleicht die grösste Aufgabe gegeben. Wenn uns Frauen bewusst wäre, was für eine Macht wir haben, würden wir sehr vorsichtig sein mit dem Umgang mit unseren Kindern. Die Kinder geben uns die Möglichkeit, zur Mutter zu werden und uns selbst zu erziehen. Wenn ein Kind ein Manko an Liebe und Verständnis von der Mutter bekommt, kann es nie zu einem selbstsicheren Menschen heranwachsen. Er kennt keine Harmonie. Ich merke dies, wenn die Leute zu mir in die Maltherapie kommen. Sie haben oft schon über Jahre eine grosse Wut in sich und wissen nicht, woher sie kommt. Ich habe schon so viele Dramen erlebt. Die Leute fühlten sich wertlos und nicht akzeptiert und können so auch später in einer Beziehung nicht richtig lieben. Sie haben es nie gelernt.

Die Bilder werden stark beeinflusst von der Familie, vor allem von der Mutter oder vom Vater. Da liegt oft die Konfrontation zwischen Liebe und Hass, aber auch Angst, Unterwerfung und Unselbständigkeit. Ich meine nicht, dass alles die Schuld der Eltern ist, wenn ein Kind solche Gefühle entwickelt. Aber sicher kommt ein grosser Teil aus der Kindheit. So habe ich es mir zur Aufgabe gemacht, dieses Problem zu analysieren.

Die Bilder, die gemalt werden, sind sehr verschieden, von Mensch zu Mensch und von Frau zu Mann. Aber sie haben alle etwas gemeinsam: Sie zeigen die Wahrheit, die sie nie gewagt hätten auszusprechen. Erst wenn sie diese Bilder betrachten, wird ihnen klar, wie viele Dinge in ihnen verborgen waren. Es wird ihnen bewusst, wieso ihre Beziehung zu den Eltern oder Geschwistern blockiert war. Sie versuchen sogar selbst, dieses Bild zu analysieren und darüber zu sprechen und zu verstehen, wieso sie es gerade so gemalt haben. Es kann manchmal sehr schmerzhaft sein. Vor allem das Mutterbild ist das Wichtigste für den Menschen.

Es sollte eine bedingungslose Liebe sein. Mit der Maltherapie lernen die Menschen, die Mutter anders zu betrachten. Sie hatte meist auch keine leichte Kindheit, hat auch keine Liebe und Geborgenheit bekommen und versuchte ihr Bestes zu geben. Vieles hat die Mutter auch nur aus Angst oder Unwissenheit gemacht.

Die Frau wird heutzutage immer mehr in die Männerwelt gedrängt. Sie nimmt immer mehr die aktive Rolle wahr und nicht mehr die passive. Frauen wollen immer mehr unabhängig sein und arbeiten gehen. Darunter leiden oft die Kinder. Sie werden schon von klein auf in die Kinderkrippe gebracht. Die Erziehung übernimmt oft ein Fremder.
Man sollte die Frau respektieren und achten und lieben, denn in ihr wächst Wachstum. Der Focus der Menschheit. Wird sie geliebt, wird sie die Liebe zurückgeben.

Die Konfrontation mit dem männlichen Prinzip, dem Vater

Wenn die Mutter das erste Bild ist, das dem Menschen begegnet, ist der Vater (wenn alles gut läuft) das zweitwichtigste Bild.
Schon während der Schwangerschaft sollte der Vater aktiv dabei sein und sich mit dem heranwachsenden Kind beschäftigen. Er gab den Samen, ohne ihn würde es keine Lebenskraft geben.

Wir vergessen immer, dass alles zusammenhängt. Der Samen befruchtet die Natur. Es braucht dafür Wasser, Licht und Erde.

Deshalb sollte auch immer in Liebe gezeugt werden, damit auch der Mensch gedeiht und wächst.
Wenn sich die Frau während der Schwangerschaft nicht mehr so attraktiv fühlt und der Körper rund wird, genau dann braucht sie viel Aufmerksamkeit ihres Partners.
Der Mann hat auch seine weibliche Seite in sich und die sollte während der Schwangerschaft mehr eingesetzt werden. Diese Seite will oder darf er oft nicht zeigen. Die Männer sollten aber versuchen, ihre Weiblichkeit zu gebrauchen. Wir haben gelernt, dass Männer stark und hart sein müssen. Sie dürfen nicht weich sein und dürfen keine Gefühle zeigen. Ist doch schon schade, denn genau so wird ein Junge wieder erzogen und aufwachsen, weil er es ja so vom Vater übernimmt.
Es ist keine Schwäche Gefühle zu zeigen, im Gegenteil, es ist eine Stärke.

Bis jetzt haben die Männer alles befohlen. In der Politik, in der Wirtschaft und in der Schule und die Frau wurde gar nicht gefragt. Die Männer haben Angst, dass sie dann zu wenig Macht haben.

Sicher wurde er schon als Kind so erzogen, war sehr unsicher und glaubte nicht an sich, nur dann will man später Macht ausüben. Sie wollen auch über die Frau die Macht haben.

So haben die Frauen begonnen, ihre männliche Kraft einzusetzen. Leider so stark, so dass wir kein richtiges

Männerbild mehr haben. Genauso, wie wir kein richtiges Frauenbild mehr haben.

Die Männer und die Frauen müssten zusammenarbeiten, wenn wir wollen, dass Friede entsteht und wir zufrieden zusammenleben wollen.

Die Konfrontation mit dem Kind und meinem inneren Kind

Das Kind sollte das Ergebnis der Liebe zwischen einer Frau und einem Mann sein.

Jedes Kind sollte in Liebe gezeugt werden. Es ist kein Zufall, denn normalerweise, wenn sich zwei Menschen begegnen, ist die Leidenschaft das Wichtigste. Es wird vielleicht erst bewusst, wenn die Frau sagt, sie erwarte ein Kind. Häufig ist sogar ein Stolz da, denn man erwartet nicht so oft ein Kind.

Diese Verantwortung ist bereits da, wenn die Liebe noch voller Leidenschaft ist. Man denkt nur an sich. Entweder ist man sehr glücklich oder total unglücklich. Je nachdem, wie gross die Liebe ist. Denn hier fängt die eigentliche Beziehung zwischen Mann und Frau an. Dann sieht man, wie stark die Liebe ist. Ob der Respekt und die Achtung voreinander da sind.

Ist die Frau hingegen traurig und ängstlich, im Moment, da in ihr etwas Lebendiges entsteht, wird dies das Kind spüren. Bin ich aber glücklich und zufrieden, wird auch dies das Kind mitbekommen. Da ist eine grosse

Verantwortung, das Kind zu akzeptieren.
Oft scheint es unwichtig zu sein, dass ein Kind erwartet wird. Wichtiger ist etwa die Frage, ob man heiraten soll, oder man fragt sich: Soll ich es behalten oder abtreiben? Das sind die Gedanken, die einen dann beschäftigen.

Man hat ab jetzt eine grosse Verantwortung zu tragen. In dem Moment, wo ein Kind entsteht, muss ich mich anders verhalten. Wenn das Kind das Licht der Welt erblickt, ist es für alle etwas Grossartiges. Auch wenn die Eltern manchmal beide nicht begeistert waren über die anstehende Geburt. Es ist doch ein Wunder, wenn in uns ein Kind wächst. Wenn wir Frauen gesund leben, nicht rauchen und keinen Alkohol trinken, ist es sicher, dass das Kind zu 90% gesund ist, die anderen 10% bestimmt das Karma oder sie sind genetisch bedingt.

Wenn das Kind das Licht der Welt erblickt, ist das ein grossartiges Gefühl. Die Eltern waren vielleicht nicht begeistert über dieses Kind, aber bei der Geburt muss man so ein hilfloses Wesen gernhaben. Leider werden viele Kinder weggegeben wie eine Ware oder sie werden sogar getötet, wie in China, dort werden nur männliche Kinder behalten.

Deshalb sollten wir die Kinder wie ein Heiligtum betrachten, denn es ist noch unbefleckt. Es ist das schönste, was eine Mutter und ein Vater erleben können. Es gibt viele Paare, die bekommen keine Kinder. Das ist sicher so, weil diese Menschen eine andere Aufgabe in diesem Leben haben, als Kinder zu erziehen. Vielleicht um Pflegekinder oder Verlassene aufzunehmen.

Wie es Mutter Theresa gemacht hat. Sie sorgte sich um die Kinder eines ganzen Landes, um Kinder, die sonst allein hätten durchkommen müssen. Sie ist eine Landes-Mutter im wahrsten Sinne des Wortes. Sie hat sich nie gefragt, welche Kinder stammen aus welcher Rasse, sind sie reich oder arm. Sie hat ihre Mutterliebe einfach weitergegeben.

Wenn man sich mit den Problemen auf der Welt befasst, sieht man, wie viele Kinder verlassen, missbraucht oder umgebracht werden.

Das innere Kind in uns sollte nie dieses Bild verlieren, denn das Kind ist etwas wunderbar sauberes, fröhliches und liebevolles Wesen. Wir sollten im Leben, auch wenn wir erwachsen sind, nie das Kind in uns verlieren.
Dann würde es auf der Welt weniger Schmutz geben. Ich meine geistigen Schmutz. Weniger Kriege und vor allem mehr Ehrlichkeit. Denn die Kinder sind immer ehrlich. Nur Erwachsene lügen. Die Kinder sind noch so unbefangen. Wir sind uns der Verantwortung gar nicht bewusst, wie falsch wir die Kinder oft erziehen. Wir verderben diese gesunde, heile Einstellung, die Kinder von Geburt an haben.

Das Kind kann nicht mehr Kind sein. Es muss schnell erwachsen werden, weil die Eltern keine Zeit für es haben. Die müssen arbeiten gehen, damit man mehr Luxus hat.

So lernt das Kind, was wichtig ist, das Materielle und nicht das Immerwährende. So geht vieles in uns sehr schnell verloren. Die Werte wie Liebe, Schönheit und das Einfache in uns.

Erwachsene sind meist nicht glücklich, auch wenn sie alles besitzen. Weil das Kind in uns verloren gegangen ist. Das bedingungslose Vertrauen, welches Kinder von Natur aus haben, geht mit der Zeit verloren. Das unbeschwerte Lachen, die Träume, die Gefühle und der Instinkt. Das innere Kind wurde vollständig ignoriert und abgelegt. Man reagiert fast nur noch wie ein Roboter, der einfach funktionieren muss. Später oftmals nur noch unter Zuhilfenahme von Alkohol und Drogen.
All das erfahre ich, wenn die Leute zu mir in die Maltherapie kommen. Ich erfahre, bei wie vielen das innere Kind zerstört ist. Wie viele werden als Kind missbraucht. Körperlich, aber auch seelisch. Und erst bei mir merken sie, dass sie diese schwere Last ablegen können.

Wie kann ein Kind, welches mit vier Jahren schon körperlich missbraucht wurde, noch Kind sein? Es wird immer einen Schatten im Innern, in der Seele behalten. Es wird immer das Gefühl haben, es sei anders als die anderen Kinder.

Es geht sehr lange, bis man so tief in die Seele eindringen kann und darüber reden kann. Es ist mit sehr viel Schmerz verbunden und wurde oft auch verdrängt. Vor allem aus Scham und weil die Erinnerung daran mit schmutzigen Gefühlen verbunden ist. Es ist ein langer Prozess, auch als Therapeutin, so etwas hervorzuholen. Normalerweise wird diese Erfahrung meist mehr von Frauen erlebt als von Männern. Es ist aber auch interessant zu beobachten, dass Männer solche Erfahrungen viel besser verkraften können als Frauen. Die Männer haben wie eine Art Thermostat, was aber leider oft mit sich bringt, dass sie ein gestörtes Sexualleben haben. Auch das Suchen nach der wahren Liebe ist oft vorhanden.

Ich hatte ein Mädchen gekannt, welches bereits mit neun Jahren missbraucht wurde. Dies wirkt sich bis heute auf ihre Beziehungen zu Männern aus. Sie kann sich nicht an einen Mann binden. Die Beziehungen dauern nur immer ein paar Monate. Sie suchte immer wieder etwas „Neues“ wie bei einer Sucht.

Eine andere Frau, die vom eigenen Vater missbraucht wurde, sucht bis heute die Liebe, die sie als Kind nie bekommen hat. Sie sucht sich immer Männer und erwartet, dass diese sie verwöhnen.

Dann ist sie zufrieden. Aber nie für lange Zeit. Sie muss auch dauernd von den Partnern die Bestätigung haben und fragt dauernd: „Liebst du mich?“ Dies zeugt von grosser Unsicherheit. Sie ist auch sehr eifersüchtig, weil sie die Partner als ihren Besitz sieht.

Ich sehe immer in diese Menschen hinein, sehe ihre verkrüppelte Seele. Diese Menschen sind anders als körperlich Behinderte. Wenn Jungs missbraucht werden als Kind, ist es oftmals so, dass sie später homosexuell werden. Nicht, dass ich diese Art von Sexualität verurteile. Wichtig ist doch nur, wie man liebt.

Sexualität wird bis heute nicht richtig verstanden. Entweder wird sie als Geschäft benützt, vor allem in den armen Ländern, wo die Frauen sonst kein Geld verdienen würden, es sei denn mit der Prostitution. Dabei ist Sexualität die grösste Energie der Welt. Sie ist nur bis heute noch nicht verstanden worden.

Die meisten Menschen, die zu mir in die Maltherapie kommen, haben schwere Probleme in der Sexualität, Mann wie Frau. Fast immer liegt der Ursprung in der Kindheit. Was ist passiert, wie wurde das Thema behandelt, wie wurde darüber gesprochen oder eben nicht? Wie haben sich unsere Eltern uns gegenüber verhalten? Waren sie ehrlich mit uns Kindern? Waren sie verlegen, mit uns über Aufklärung zu reden oder wenn wir eine Frage stellten? Wie haben sich unsere Eltern gegenseitig verhalten? Waren sie zärtlich zueinander? Haben sie sich vor uns Kindern geküsst oder umarmt? Liefen sie nackt herum oder schämten sie sich?

Heute gibt es sehr viel Literatur und auch im Internet kann man sehr viel lesen und sich informieren. Trotzdem ist die Sexualität nicht besser geworden, im Gegenteil. Kinder haben ganz feine Antennen. Sie spüren und fühlen alles, was vor sich geht. Die Liebe der Eltern von den Kindern fühlen zu lassen, gibt eine ganz gesunde Entwicklung. Diese Geborgenheit, diese Neswärme ist das grösste Glück für das Kind. Nicht das Materielle, dies ist nur ein Liebesersatz, um das schlechte Gewissen der Eltern zu beruhigen, da sie oft keine Zeit für die Kinder haben.

Solange dies nicht verstanden wird, dass das Kind wichtig für die Gesellschaft ist. Für die Entwicklung unserer Gesellschaft. Wenn das Kind aus Liebe gezeugt wurde und dann geliebt wird, dann wird es als Erwachsener ein liebevoller Mensch, mit Respekt und Achtung für die Anderen, was auch für eine intakte Gesellschaft gut wäre. Gesunde und heile Menschen werden zusammenleben und niemand wird herrschen oder regieren, sondern miteinander zusammen viel bewirken mit Respekt.

Bereits als Kind missbraucht oder vergewaltigt ...

Dies war lange Zeit ein Tabuthema. Jetzt wird mehr darüber geredet und vieles kommt ans Licht. Es hat immer schon solche Themen gegeben, aber man hat aus Scham oder Angst lange darüber geschwiegen.

Die Erfahrungen, die Kinder, die missbraucht wurden, gemacht haben, werden sie ihr Leben lang nie mehr vergessen.

Sehr oft kamen diese „ehemaligen Kinder“ als Erwachsene in meine Maltherapie mit diversen Problemen und ich wusste sofort, welches die Grundproblematik war. Ich sah dies mit meiner Hellsichtigkeit, obwohl sie nicht über dieses Thema geredet haben. Entweder sie verdrängten es oder sie wollten nicht darüber sprechen und fanden einfach andere Gründe für ihre Probleme.

Es war immer ein langer Weg, bis sie schliesslich über die Vergewaltigung sprechen konnten. Erstens war es einfach zu schmerzhaft, darüber nachzudenken und zu reden, und zweitens hatten die Personen oft starke Schamgefühle. Meistens konnte man bei diesen Menschen nicht bis ins Detail gehen. Die Erinnerungen waren stark verdrängt worden und diese kamen erst nach einer gewissen Zeit wieder zum Vorschein.

Dann musste auch das Vertrauen in meine Person zuerst aufgebaut werden. Dann liess ich die Menschen Bilder malen. Da konnte man sich direkt auf die Zeichnung beziehen und musste sie nicht mit Worten konfrontieren. Über das gemalte Bild konnten sie oftmals freisprechen. Dies war eine grosse Hilfe.
Ich hatte einmal eine Frau bei mir, die wurde bereits mit vier Jahren von ihrem Vater missbraucht. Leider konnte sie nicht lange zu mir in die Therapie kommen, weil sie die Erinnerungen nicht ertragen konnte. Der Schmerz war so intensiv. dass wir vorzeitig mit den Stunden abbrechen mussten.

Sie konnte mit beinahe 50 Jahren immer noch nicht allein im Dunkeln schlafen. Die Gestalt vom „dunklen Schatten“ (Vater) war immer noch allgegenwärtig. Besonders schlimm ist dabei, dass diesen Vergewaltigungskindern, die vom Vater, vom Onkel, vom Grossvater oder Bruder vergewaltigt worden waren, nicht geglaubt wurde.

Oft hat ihnen die Mutter am allerwenigsten geglaubt. Meist hatte sie selber Angst vor der Wahrheit und keinen Mut, sich mit diesem Thema und den damit involvierten Personen zu konfrontieren.

Es wurde einfach geschwiegen, bis diese Mädchen von zu Hause ausgezogen sind. Sehr oft hatten sie grosse Probleme, einen Partner zu finden oder nur eine Beziehung einzugehen. Die erste sexuelle Erfahrung war traumatisch, auch wenn sich diese Frauen nicht erinnern können, dass sie vergewaltigt oder missbraucht worden waren.

Dies kommt auch auf das Einfühlungsvermögen des Partners an. Wenn er grob war oder sich nicht genug Zeit liess, war das schrecklich für diese missbrauchten Frauen. Meist konnten oder wollten sie sich gar nicht mehr auf die Sexualität einlassen.

Eine Mutter sagte zu mir, dass ihre Tochter, die auch von ihrem Mann missbraucht wurde, die Sexualität mit ihrem Mann nie so schön erlebt habe, wie mit ihrem Vater. der sie missbraucht hatte. Nur mit ihrem Vater sei sie zu einem Orgasmus gekommen.

In dieser Familie haben vier Generationen das Gleiche erlebt. Das ist wie eine ständige Wiederholung. Für diese Mutter war dies so schrecklich von der eigenen Tochter zu hören, dass sie in eine tiefe Depression fiel und sie mit ihrem Mann keinen Kontakt mehr haben konnte.

Das Familienleben war komplett kaputt und besonders dramatisch war, dass auch der Vater diese Situation nicht mehr ertragen konnte und sich das Leben genommen hat.

Nicht alle Vergewaltigungen enden so, aber alle diese Menschen haben ein schweres Leben. Eine Frau wurde von ihrem Onkel vergewaltigt. Sie ging dann mit 18 Jahren ins Ausland und lebte sich dort aus wie eine „Hure“. Dann lernte sie ihren jetzigen Freund kennen. Er wollte unbedingt heiraten, aber sie bekam solche Angst, sich zu binden, dass sie zu mir in die Maltherapie kam. Dieses Thema ist so gewaltig gross, weil die Kinder immer die Unschuldigen sind, die sich nicht wehren können. Oftmals werden die missbrauchten Jungen später selber pädophil oder vergewaltigen andere Frauen.

Es ist viel an die Öffentlichkeit gekommen in letzter Zeit. Kein katholischer Priester und kein Papst haben bis jetzt das Zölibat aufgehoben, obwohl so viel Schreckliches hinter Kirchen- oder Klostermauern passiert ist.
Wie viel Leid musste ertragen werden und wie viel musste passieren, weil sie ein schlechtes Gewissen hatten.

Die heutigen jungen Priester sollten den Mut haben, zu ihren Gefühlen zu stehen. Wie kann man von Liebe und Partnerschaft, Kindererziehung etc. sprechen, wenn man dies alles nicht selber erfahren darf? Gott hätte sicher nicht gewollt, dass die Menschheit zölibatär aufwächst. Sonst würde es ja keine Kinder und Nachkommen mehr geben und die Menschheit würde aussterben.

In der Maltherapie ist interessant: Immer, wenn das Thema Sexualität zur Sprache kam, hatte jeder eine ganz spezielle Art zu malen.

Es gab auch Leute, die wie blockiert waren und nicht malen wollten. Es kam eine Angst auf, dass das Innere zum Vorschein kommen würde.

Heute ist alles offen, sogar die Kinder wissen schon bereits sehr viel über dieses Thema und sehen auch viel. Aber dass Sexualität zur Liebe gehört, das verstehen viele nicht.

Vor Jahren hat niemand in der Öffentlichkeit dieses Wort in den Mund genommen. Alles war versteckt, im Dunkeln. Heute spricht man zwar darüber, aber die Kinder lernen fast alles aus den Medien, aus dem Fernsehen, dem Internet oder übers Radio etc. Die Eltern nehmen sich oft nicht die Zeit, ihnen alles zu erklären.

Es ergäbe eine ganz andere Einstellung zur Sexualität, wenn die Eltern mit den Kindern darüber sprechen würden und alle Fragen beantworten würden, und sich nicht nur den meist sehr schlechten Ausdrücken aus den Medien bedienen würden.

Wir haben eine Welt, in der fast jedes Kind alles weiss, und doch arbeiten die Eltern sehr viel und die Kinder verbringen die meiste Zeit vor dem Fernseher. Sie müssen auch schon oft früh in die Kinderkrippe, da die Mütter auch arbeiten.

Wir müssen anders über die Liebe denken, erst dann kann auch eine bessere und harmonischere Form von Sexualität entstehen.

Dies waren drei Frauen, die als Kind vergewaltigt wurden. Sie kannten sich nicht und haben fast das gleiche Bild gemalt.

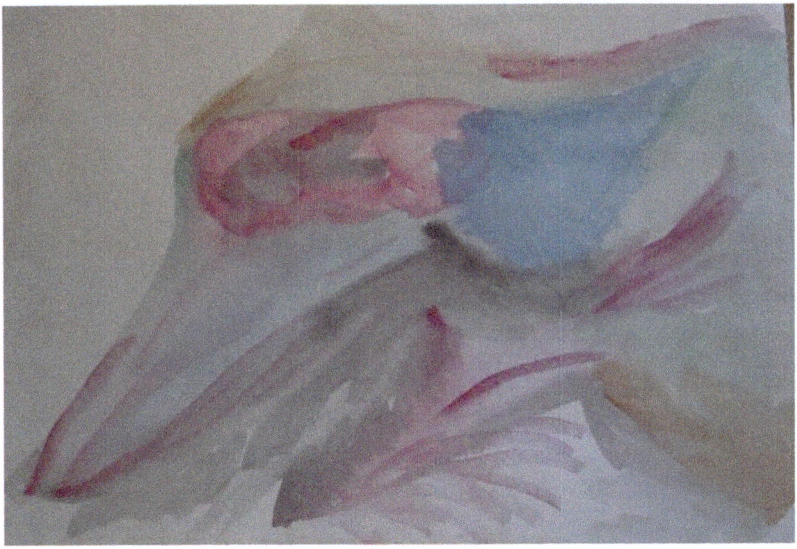

Die Menschen und ich

Ich bin auch ein Mensch, also sind die Menschen auch mein Du. Ich kann mich in ihnen spiegeln, mich sehen, mich erkennen, mich verstehen.

Was wir im Du sehen, ist oft etwas, was wir nicht gerne sehen, vor allem wenn es sich um etwas Negatives handelt. Aber was ist negativ? Das ist sehr subjektiv. Das was ich gerne habe, hat der andere nicht gerne oder umgekehrt. Das ist die Schwierigkeit in unserer Welt, das Gleichgewicht zu finden, ohne den Anderen in seiner Meinung ändern zu wollen, denn seine Meinung ist gleichwertig. Uns in der Mitte zu treffen, die Hand zu reichen und zu sagen, du hast genau so recht wie ich, das ist das Optimale.
Wir spiegeln uns in der Liebe, im Respekt und im Verständnis. Einmal war auch die Schweiz so ein Land. Nun hat sie allerdings auch ein verzerrtes Spiegelbild in der Regierung erhalten. Jeder greift den anderen an, weil nur die eigene Meinung die Beste ist etc. Auf der ganzen Welt ist die optimale Lösung das „Geld“. Das Geld ist gut, wenn man es gut verwendet. Heute ist man reich an Materiellem, aber arm im Herzen, in der Seele, in der Liebe.
Liebe wird oft mit Geld verwechselt. Mit Geld kann man auch Menschen kaufen, es werden sogar Menschen gezeugt mit Geld. Man geht auf die Samenbank und kauft ein Kind, lässt es sich einpflanzen. Wo ist hier das Herz, die Liebe? Alles ist erreichbar mit Geld, nur etwas nicht: innere Bereicherung, Zufriedenheit und

Gesundheit. Ein Mann und eine Frau sollten ein Kind aus Liebe zeugen. So gibt es auch nur liebe Menschen auf dieser Welt.

Ich begegne jedem Menschen mit Liebe. Ich sehe nichts Schlechtes oder Egoistisches, nichts Aggressives im Menschen, weil ich das auch nicht bin. Diese wunderbare Spiegelung ist die zukünftige universale Liebe, ohne Erwartungen, einfach die selbstlose Liebe.

Manchmal hat man Angst, dass der Andere etwas zurückspiegeln könnte, was man nicht sehen will, oder einem Angst macht. Angst ist die schwierigste Lektion zu lernen, sie abzubauen, sie überhaupt nicht zu sehen. Diese Angst wird schon im Mutterleib gezeugt. Die Mutter ist während der Schwangerschaft vielen Ängsten ausgesetzt. Heute noch mehr als früher. Eigentlich sollte die Mutter sich neun Monate lang nur mit positiven Gedanken, Kreativität und Liebe befassen. Sich wohl fühlen, eine schöne Umgebung haben. Mit dem werdenden Kind Gespräche führen, es willkommen heissen, alles tun, was dem Kind guttut.

Ich bin überzeugt, dass die ganze Gesellschaft sich entwickeln würde. Wir Frauen haben das in der Hand, wir sind die Gebärenden und wenn wir keine Ängste haben, wird das Kind auch die Geburt und das Leben anders erleben.

Ich wurde auch mit diesem Schmerz und mit Ängsten geboren, welche mein ganzes Leben bis heute beeinflussen. Ich wurde unehelich geboren. Für die damalige Zeit etwas Unvorstellbares. Die Ängste, die meine Mutter hatte, sind fest in mir verankert.

Sie wurde von ihrer Familie ausgestossen. Dieses „Ausgestossensein“ hat mich mein ganzes Leben begleitet. Nicht nur von meiner Familie fühlte ich mich ausgestossen, ich hatte immer und überall das Gefühl, nicht richtig akzeptiert zu sein. Ich strahlte dies wahrscheinlich auch so aus. Dennoch entwickelt ein Mensch mit so einer Biographie nie ein grosses Selbstwertgefühl. Er ist immer auf der Suche nach Bestätigung.

Es ist für ein Kind sehr wichtig, Mutter und Vater zu haben. Die Geborgenheit und die Liebe beider Eltern zu erfahren. Ich glaube aber, dass das noch lange dauern wird, bis der Mensch dies ändern kann, denn jeder muss sich selbst ändern, damit ein anderes Spiegelbild entstehen kann.

Ich versuche das Wort Mal-Therapie zu vermeiden, denn von diesem Moment an, wenn ich diese Wort Therapie anwende, stelle ich die Krankheit dar. Es ist ein Lernprozess meines oder unseres Lebens.

Bis ein Mensch soweit kommt, ist er an vielen Stationen vorbei gerast. Es sind immer viele leidvolle Erfahrungen damit verbunden. Schwierigkeiten, seelische Schmerzen, bis eines Tages das Fass überläuft, dann ist man krank. Manchmal ist es wirklich viel zu spät, diese Krankheit zu heilen, denn der Ursprung ist tief in der Seele vergraben. Das Malen von Situationen von Unsicherheiten kann auch körperliche Schmerzen freisetzen und gibt uns ein visuelles Bild. Jetzt können wir auch verstehen, wie es ist und bekommen die Möglichkeiten das Ganze anders zu verarbeiten.

Solange wir uns als Kranke sehen, wird der Körper so behandelt. Darum ist es so wichtig die Ursache, den Ursprung herauszufinden, statt nur den Körper zu behandeln.

Ich lerne aus meinen Symptomen. Ich male diese Symptome und bekomme so einen Hinweis, welches Organ sich meldet. Nun können wir daran arbeiten. Sich fragen, wieso sich dieses Organ zeigt. Das ist ein Lernen mit unseren Zellen, Organen, mit unserer Seele und unserer Umgebung.

Dieses Malen erfordert eine grosse Kraft, sie bedeutet eine grosse Herausforderung mit uns selbst. Aber auch eine Befreiung, denn der ganze Körper fühlt sich leichter. Das Atmen stockt nicht mehr. Ich habe oft beobachtet, dass die Schüler nach fast zwei Stunden Maltherapie strahlten, auch wenn eine schwere Situation auf das Papier gebracht werden musste. Oft waren die Stunden mit Tränen und Schmerzen verbunden, sie konnten das aber mit einer Erleichterung und einem Strahlen in den Augen mitteilen.

Durch dieses visuelle Bild konnten sie sich selber besser verstehen. Es wurde ihnen klarer, woher das Problem kam. Wenn ich aber statt Problem Lektionen sage, dann ist die Belastung kleiner.

Es ist klar, dass das grösste Problem die Kommunikation ist. Man versucht die Auseinandersetzungen zu vermeiden, das bringt einen aber genau so weit, dass die Seele überläuft, wenn es fast zu spät ist.

Es ist leider heutzutage so, dass alles immer schneller geht. Die Maltherapie ist vielen zu langsam. Man sieht den Erfolg nicht sofort, erst nach Monaten oder Jahren. Es ist aber gut so, denn der Heilungsprozess braucht seine Zeit.

Die Menschen wollen dagegen lieber ein Medikament nehmen, dann sind sie geheilt, aber so arbeitet man nicht an sich oder an seiner Seele. Vor allem wird das Problem später wiederkommen, wenn es nicht verarbeitet wurde.

Das kann dann zu einem totalen Zusammenbruch führen. Ich weiss das, weil ich selber oft fast so weit gekommen bin; ich merkte aber, dass es so nicht weitergeht und bin dann dem Ganzen auf den Grund gegangen.

Derjenige, der sich entscheidet so eine Therapie machen zu wollen, nimmt eine grosse Verantwortung auf sich. Er hat auch den Mut, sich selber zu sehen, so wie er wirklich ist. Jedes Bild ist ein Unikat.

Die Art zu malen, die Farben, die Figuren, die gewählt werden. Es ist faszinierend, diese Bilder zu betrachten, auch wie die Bilder sich mit der Zeit verändern. Darum ist so eine Maltherapie einzigartig. Jeder Mensch ist auch einzigartig. Die Maltherapie ist kein kollektives Malen, es ist individuell auf jeden Menschen zugeschnitten. Kein Bild ist gleich wie das andere.

Diese Schülerin hatte einen schweren Autounfall. Sie hatte starke Kopf- und Gesichtsverletzungen. Sie trug monatelang ein Gestell. Sie konnte ihr Aussehen nicht mehr ertragen und ging fast nicht mehr aus dem Haus. Sie bekam immer nur Medikamente, auch solche, die sie nicht gebraucht hätte.

Sie kam dann zu mir in die Maltherapie und man sieht schon beim ersten Bild, wie sie sich selber „einsperrte". Sie war auch in ihrer Lebensweise eingesperrt. Sie wurde nur von Männern ausgenutzt.

Nach vielen Stunden Maltherapie hatte sie sich mit ihrem neuen Gesicht annehmen können. Sie hatte einen neuen Weg gefunden. Sie ist heute glücklich mit sich.

Das zweite Bild zeigt, wie sie sich heute sieht.

Über das Altwerden

Wir werden nicht alt, wir denken uns alt. Der Mensch hat Angst vor dem Alter. Er assoziiert das Wort „alt“ mit Krankheit, Ohnmacht und denkt an die Falten im Gesicht. Männer bekommen Panik, sie könnten nicht mehr potent sein, also muss eine junge Frau her.

Solange der Mensch so denkt, wird er das Altern noch beschleunigen. Er muss lernen sich jung zu denken. Es wäre aber auch falsch, wenn er sich immer als Zwanzigjährigen sehen würde. Aber wieso eigentlich? Weil der Mensch mit zwanzig noch nicht fertig entwickelt ist. Vierzig hingegen ist das beste Alter für einen Menschen.

Wenn wir uns jung denken wollen, müssen wir unsere Hirnzellen motivieren. Und zwar in dem Sinne, dass wir ihnen den Impuls geben, dass unser Körper gesund und stark ist. Wir müssen auch visualisieren, was wir für jeden unserer Körperteile wollen. Jede Krankheit könnten wir heilen, wenn wir die Mitteilung an das entsprechende Organ, welches von der Krankheit befallen ist, geben würden. Und zwar die Mitteilung: Ich werde gesund, resp. ich bin gesund. Denn wenn wir sagen, das Organ soll gesundwerden, dann heisst das, dass es krank ist, also bestätige ich diese Krankheit.

Ja, ich weiss, dass das sehr schwer zu verstehen ist, denn bis jetzt hat man vergessen, dass wir Menschen alle einen eigenen Computer haben, der wartet, dass wir ihn gebrauchen und mit Informationen füttern.
Wir sind von jeher gewöhnt, dass die Anderen für uns denken und handeln. So geschieht es auch mit unserem Körper, eigentlich auf allen Ebenen.
Von der Wissenschaft wissen wir jetzt, dass wir Milliarden von Zellen haben und jede Zelle hat eine eigene Identität und ein eigenes Wissen. Bald wird der Mensch soweit sein, dass dieses Wissen der Zellen in seinem eigenen

Denken integriert werden kann und so eine harmonische Zusammenarbeit entsteht.

Es ist so, wie es Jesus sagte: „Wir können Berge versetzen", oder: "Das, was ich kann, werdet ihr noch besser können." Das gehört zu dem Wort Wunder. Wir werden einmal alle Wunder erleben, wenn wir daran glauben.
Wir werden unsere Zellen mit den Gedanken so programmieren, dass wir gesund sind und dass so auch alle alten Prozesse verloren gehen können. Das hat nichts damit zu tun, dass wir ewig jung bleiben müssen, aber wenn wir mit unseren Zellen arbeiten, können wir die ganze Gesellschaft so beeinflussen, dass wir wirklich das Paradies auf Erden haben.

Auf der Zellenebene ist alles möglich und nur auf dieser Ebene haben wir die Möglichkeit auch weiter zu wachsen auf der geistigen, seelischen und körperlichen Ebene. Wir würden auch die Angst verlieren vor Krankheiten und auch der Tod wäre nicht mehr so bedrohlich. Denn wir könnten sogar den eigenen Tod „programmieren" oder „umwandeln". Dann braucht man keine Angst mehr davor zu haben.
Ich weiss, Sie denken jetzt, das sei eine Utopie. Alles war einmal eine Utopie und heute ist es wahr.
Ich hatte bereits als junges Mädchen dieses utopische Denken. Ich dachte mir zum Beispiel eine „mobile Treppe" aus. Ich malte sie sogar auf ein Blatt Papier.

Als ich dann Jahre später in die Schweiz kam, sah ich in einem Warenhaus exakt so eine Rolltreppe. Ich war so überrascht und konnte kaum glauben, was ich sah. Genauso eine Treppe habe ich Jahre zuvor gemalt. Ich war sicher nicht die Einzige, die dieses „Projekt“ im Kopf hatte. Wenn viele Menschen dasselbe denken, ist diese Energie so stark, dass sie sich einmal offenbaren kann.

Dies gilt bei fast allen Dingen. Wenn wir Frieden denken, kehrt Frieden ein, umgekehrt ist es mit dem Krieg genauso. Wir sollten nicht an Waffen oder Gewalt denken, dann würde mehr Frieden auf der Welt einkehren.

Ich habe immer solche Gedanken gehabt. Schon als kleines Kind stellte ich mir gewisse Dinge vor. Hier noch ein Beispiel: Ich war Einzelkind und hatte keine Geschwister, deshalb musste ich immer im Haushalt mithelfen. Was ich überhaupt nicht mochte, war Geschirr zu spülen.

Ich brauchte für ein paar Teller und Pfannen den halben Nachmittag. Ich stellte mir dann vor, wie praktisch es wäre, wenn man eine Maschine hätte, die dieses Geschirr selber wäscht. Ich habe dann so eine Maschine aufs Papier gezeichnet. Ich stellte dar, wie die Teller hineinzustellen waren, man auf verschiedene Knöpfe drücken musste und schon war der Abwasch fertig. Ich habe sogar noch ein Laufband konzipiert, welches die sauberen Teller auf dem Band direkt in den Geschirrschrank versorgte.

Das ist leider noch nicht erfunden worden. Aber ich bin sicher, dass viele Frauen dieselben Gedanken hatten wie ich als Kind. Dies führte sicherlich dazu, dass es heute solche Geschirrspülmaschinen gibt, weil sich diese Gedanken offenbarten. Ich bin heute ebenfalls sehr glücklich, da ich auch so eine Abwaschmaschine habe.

Wieso ich dies erzähle? Weil dies genau solche Energie-Gedanken sind, die diese Welt mitentwickelt haben. Dies gilt auf allen Gebieten, im Guten und auch im weniger Guten, ich sage extra nicht das Wort „böse".

Als ich ungefähr 14 Jahre alt war, wohnten wir im Südtirol, in Brixen. Wir hatten in dem Haus, in welchem wir damals gewohnt hatten, eine sehr steile Treppe. Ich hatte von jeher Mühe diese hochzusteigen, ich hatte immer Schmerzen in den Beinen. Ich wusste nie wieso mir das Treppensteigen solche Schmerzen bereitete. Einige Jahre später hat sich herausgestellt, dass ich eine schwere rheumatische Krankheit hatte. Ich hatte überall Schmerzen am ganzen Körper.

Eines Tages hatte ich wieder einmal so eine mobile Treppe gezeichnet. Dieses Bild zeigte ich meiner Mutter und sagte: „Schau mal, das wäre gut, wenn wir hier im Haus so eine Treppe hätten. Wir könnten die Füsse auf den ersten Tritt stellen und würden nach oben befördert und ich hätte keine Schmerzen mehr beim Heraufsteigen."

Wieder hatte meine Mutter eine Bemerkung bereit und meinte, dass dies gut und recht wäre, aber ich sei doch noch jung und könne doch wohl die Treppen hinaufsteigen. Als ich dann krank wurde und fast gelähmt war, begriff sie meine Idee. Sie entschuldigte sich bei mir und fand, ich hätte eine tolle Entdeckung gemacht.

Leider habe ich alle diese Skizzen nicht mehr. Bei einem Umzug ging alles verloren.

Meine Mutter starb ein paar Jahre später. Sie konnte nicht mehr erleben, wie eine solche mobile Treppe, eben eine „Rolltreppe“, entwickelt wurde.

Als ich einige Jahre später nach Bern kam und in ein Warenhaus ging, sah ich genauso eine Treppe aus meinen damaligen Skizzen. Ich konnte nur staunen und mich nicht mehr bewegen. Ich blieb wie angewurzelt stehen. Ich schaute einfach nur zu, wie die Menschen hinauf- und hinunterbefördert wurden.

Genauso habe ich es gezeichnet, ich hätte schreien können vor Freude. Ich konnte nicht sagen, Gott sei Dank, das war meine Vision, wer hätte mich noch für normal gehalten? Aber mir ist jetzt bewusst geworden, dass nur solche Dinge auf der Welt entstehen, weil wir Menschen eine eigene Schöpfungskraft haben.

Das ist keine Utopie, das ist Realität.

Einmal hatten nur wenige Menschen ein Telefon oder ein Auto und jetzt sind wir soweit, dass jeder ein Telefon besitzt, sogar ein Natel und sie tragen es den ganzen Tag mit sich herum. Sie sagen, das ist die Entwicklung. Ja, stimmt, aber zuerst war da der Funke von diesem Gedanken, die Vision.

Das Wichtigste wäre, wenn die Menschen, die Wissenschaften ihre guten Gedanken nutzen würden, dann hätten wir keine Krankheiten, keine Kriege, keine Missstände mehr.

Über die Liebe

Die Liebe ist die grösste Kraft der Welt.

Sie ist eine mächtige Energie.
Es gibt Leute, die töten sogar aus Liebe. Denn jeder Mensch will anerkannt und geliebt werden.

Wird ein Kind nicht geliebt und hat die Erfahrungen nicht gemacht, kann es die fehlende Liebe ins Negative bringen. So dass er einmal ein mächtiger Boss oder ein Führer wird, ein herrschender Präsident, der, um Anerkennung zu bekommen, sogar Befehle erteilt zu töten. Er macht das nicht selber, er hat genug Menschen, die auch nicht geliebt wurden und die diese Befehle ausführen. Auf diese Weise erhalten sie die Anerkennung von den Bossen. Diese Struktur der Liebe ist sehr fein im Inneren geworden, eine filigrane Arbeit.

Man kann oft beobachten, wenn Kinder krank sind, geniessen sie es, von Mama oder Papa gepflegt zu werden. Da bekommen sie die Liebe, die Aufmerksamkeit, welche es, wenn es gesund ist, vielleicht nicht erhalten würde. Das heisst nicht, dass es nicht geliebt wird, aber wenn man krank ist, ist diese Fürsorge anders. Es kann sogar zu einer Gewohnheit werden, da müssen die Eltern sehr hellhörig sein. Diese Menschen sind oft bis ins Erwachsenenalter viel krank, weil ihnen die Liebe und Zuneigung fehlte oder sie dann besonders beachtet und gepflegt werden.

Liebe geben und Liebe bekommen und diese in einer Balance zu halten, ist sehr schwer. Wenn man verliebt ist, sieht man alles mit der rosaroten Brille und das hat nichts mit Liebe zu tun.

Liebe ist ein grosses Gefühl, ein tiefes Gefühl, ein selbstloses Gefühl, aber schwer zu realisieren. Liebe ist ein ständiges Verhältnis zum Du.

Was wir in einer Vision sehen, ist das Spiegelbild und oft ist dieses Spiegelbild verzerrt und das wollen wir gar nicht sehen. Das unterscheidet die Verliebtheit von der Liebe. Liebe ist etwas Ernstes und Profanes.

Das ist der Grund, wieso so viele Partnerschaften auseinander gehen, weil sie sich zu wenig anstrengen, das Spiegelbild immer wieder anzupassen. Man läuft lieber davon, man hat genug Fehler im Spiegel des Anderen gesehen.

Liebe kann man nicht besitzen. Es gibt so viele eifersüchtige Menschen, sie sind eifersüchtig, weil sie diese Liebe besitzen wollen. Je mehr sie das wollen, desto mehr entfernt sich der Partner. Er distanziert sich von dieser Eifersucht. Es besteht die Gefahr, dass die einstige Liebe in einem Drama endet.

Es gibt wenig echte Liebe in dieser Welt, Ehepaare, die ein ganzes Leben zusammen gelebt haben, die sich im Spiegel-Bild erinnert haben, die Liebe im Anderen gesehen haben und die schwersten Probleme miteinander gelöst haben. Sie haben sich gegenseitig geholfen. Man sieht immer wieder so Paare, die strahlen und verliebt sind, wie am ersten Tag. Sie gleichen sich sogar. Sie haben die gleiche Physiognomie. Das ist Liebe.

Liebe hat nichts mit Sexualität zu tun. Aber dies wird oftmals verwechselt. Deshalb sind die Erwartungen falsch gelagert und nicht verstanden worden.
Man ist oft enttäuscht, wenn man zu hohe Erwartungen an den Sex hat, ohne Liebe.

Die Liebe steht an erster Stelle. Wenn dieses Verständnis da ist, dann wird diese Verschmelzung stattfinden.

Wie viele Tränen hat es schon gegeben. Wenn die glühende Liebe am Anfang war und dann eine Riesenenttäuschung folgt, wenn die Liebe nicht gross genug war.

Ohne Liebe kann der Mensch nicht gedeihen, wie eine zarte Pflanze, die ohne Wasser stirbt. Ein Mensch ohne Liebe kann nicht strahlen, er ist farblos und unsicher. Viele Menschen haben sogar Angst vor der Liebe. Weil sie diese nie bekommen haben.

Sie sind unsicher, wurden weggestossen, aber nicht geliebt. Also haben sie auch nicht als Erwachsene den Mut auf den Anderen zuzugehen und Gefühle zu zeigen. Ich bin schon so vielen Menschen begegnet und habe ihre Geschichten gehört. Wie viel Schmerz und Leid haben diese Seelen mit den Jahren erlebt. Oft braucht es nur eine kurze Umarmung, um diesen Seelen zu zeigen, dass wir sie nur für einen Moment liebhaben.

Über die Zellenprogrammierung

Wenn wir endlich verstehen würden, dass wir die Programmierung durch unsere Zellen machen können, werden wir auch verstehen, dass wir so mächtig sind, alles zu erreichen.

Auf der geistigen, seelischen und physischen Ebene. Bis jetzt haben wir alle diese Macht an andere abgegeben, z.B. an Ärzte, Politiker etc. Das heisst, dass wir anderen Menschen die Macht geben und ihnen erlauben, über uns zu entscheiden. Sodass wir nicht agieren oder reagieren müssen, um unser Leben selber zu gestalten. Solange wir nicht versuchen, einen kleinen Schritt auf der Zellenebene zu erarbeiten, walten immer fremde Kräfte über uns, die entscheiden.

Es ist unsere Aufgabe, dieses System mit den Zellen „einzuweihen". Es ist klar, dass dies eine enorme Arbeit bedeutet und es eine grosse Überzeugungskraft braucht, das in die Tat umzusetzen. Die Menschen sind gewohnt, andere arbeiten zu lassen, so ist unsere Gesellschaft aufgebaut, und so können die Chefs die Menschen beherrschen.

Das hat der Mensch vor Tausenden von Jahren schon in die Wiege gelegt bekommen und niemand hat danach gefragt, ob das gut oder schlecht ist. Man hat das gemacht, was einem befohlen worden ist. Es wurde so in unsere Zellen programmiert. Das war eine phantastische Manipulation, mit denen sich alle abgefunden haben. Der Grosse hat es dem Kleineren weiterbefohlen, dieser wieder dem Kleineren etc. So entstand dieses hierarchische System.

Wenn man sich vorstellt, was wir Menschen für ein Potenzial besitzen, was die Zellen für eine Macht in uns haben. Dann könnten wir der ganzen Welt helfen in Harmonie, in Liebe und Reichtum zu leben. Was uns fehlt, ist die Überzeugung daran zu glauben. Es ist interessant, dass wir Menschen Dritten glauben, was die uns einflüstern. Aber wir glauben nicht an uns, nicht an unsere eigenen Möglichkeiten, nicht an unsere Kapazitäten, Begabungen, Talente usw. Gott, der unbekannte Schöpfer, hat jeden Menschen nach seinem Bilde geschaffen. Diese grossartigen Zellen, die in unserem Körper sind, schlafen immer noch. Wir haben Angst, sie zu wecken, weil wir Angst haben, die Verantwortung zu übernehmen.

Es ist einfacher, den Anderen die Verantwortung zu überlassen, und es ist auch viel einfacher, anderen die Schuld für die eigenen Misserfolge zu geben.
Das ist auch die Matrix, die sich unseren Zellen eingeprägt hat. Kommen wir wieder mit diesem Satz: ICH BIN, WAS ICH DENKE! Nehmen wir diese Worte ein wenig auseinander. Wenn ich bin, was ich denke, dann habe ich alle Möglichkeiten und wenn man sagt, alle Möglichkeiten, heisst das, ich kann alles haben. Das Gute und auch das weniger Gute.

Ich bin mein eigener Schöpfer. So ist die Schöpfung entstanden. Gott hat als Schöpfer diesen Kosmos entstehen lassen, nach seinem Bilde, nach seinen Zellen. Er hat uns die Kraft gezeigt, die wir in uns haben. Die Talente, Begabungen und alle Macht zu haben. Wenn im Menschen dieses Denken wach wird und er sein volles Bewusstsein auch gebrauchen kann, werden wir Grossartiges leisten und erreichen können. Dass diese Zellenarbeit ins Negative verwendet wird, ist eine grosse Gefahr.

Darum ist diese Arbeit mit den Zellen noch in den Kinderschuhen, aber ich bin überzeugt, dass eines Tages das Ganze verstanden wird und ins Gute verwendet wird.
Durch die Wissenschaft heute wird immer mehr offenbart, was unser Körper für ein grossartiges Vehikel ist. Unser Gehirn ist ein einzigartiges Organ. Die Forschung ist noch nicht so weit, weil nur auf der physischen Ebene geforscht wird. Das Geistige und Spirituelle wird immer noch nicht einbezogen.

Solange die Wissenschaft so abstrakt arbeitet, kann sie nicht das Ganze verstehen. Die Zellen, die in uns sind, warten nur auf unsere Mitteilungen. Die meisten unserer Zellen schlafen noch, nur ein kleiner Teil arbeitet und das ist minimal.

Der Mensch ist immer noch auf der Stufe, die Anderen arbeiten für mich. Man ist zu wenig diszipliniert, dabei braucht es sehr wenig, um unsere Zellen zu programmieren. Dies sollte automatisch ablaufen, so in etwa wie man sich jeden Tag die Zähne putzt.

Sie fragen sich sicher: Aber wie muss ich mit den Zellen arbeiten? Wir sehen die Zellen ja nicht. Der ganze Körper besteht aus Zellen und jede Zelle ist eine Einheit für sich, hat eine eigene Identität und arbeitet selbständig. Die Arbeit beginnt mit den Gehirnzellen.

Das heisst, ich mache Mitteilungen an mein Gehirn, was ich will und von dort geht es weiter in meinen Körper, welcher auch Zellen hat. Sie kooperieren zusammen. Also fangen wir mit den Mitteilungen an und sagen uns jeden Tag: Ich bin gesund, ich bin stark, ich bin schön, ich bin reich, ich habe Gott in mir.

Ich bin Gott in mir. Denn Gott ist unser Schöpfer, wir arbeiten nach seinem Bilde. Ihr werdet merken, wenn wir jeden Tag mit diesen Werten arbeiten, fühlen wir uns sofort gestärkt, zufriedener und glücklicher.

Es geht nicht nur darum, dass wir beginnen, die Zellen zu programmieren, wir sind gesund. Wir können mit der Zeit so arbeiten, dass wir überhaupt nicht mehr krank werden. Die Voraussetzung dafür ist, dass wir das wollen.

Wenn Sie Raucher sind, versuchen sie die Sucht abzubauen, wenn Sie es wollen. Ich will nicht mehr rauchen, weil ich gesund bin und ich brauche keine Zigarette mehr.

Die Zigaretten sind nur ein Ersatz für etwas, um sich von anderen Dingen abzulenken.
Auch die „Trinksucht", der Alkohol verläuft nach demselben Muster. Die Zellen werden „beduselt" und sie können und müssen nicht mehr exakt arbeiten. Zuerst findet dieser Prozess im Kopf statt, danach geht es weiter in die anderen Organe. Ihr werdet euch wundern, wie sich die gesunden Zellen weigern mit den „kranken" zu arbeiten. Es ist ein ständiger Kampf, bis der ganze Körper davon ergriffen ist.

Ich weiss dies, weil ich diese Hellsicht habe. Bei mir läuft das wie ein Röntgenbild ab, ich sehe die Zellen, die verzweifelt sind.

Genau wie im Krieg, wenn ein Alarm gekommen ist, sind alle Menschen in verschiedene Richtungen gelaufen. Ich habe das selbst im Krieg erlebt. So geschieht es im Körper.

Die gesunden Zellen vermehren sich. Ich habe immer sofort gemerkt, wenn jemand alkoholsüchtig war. Ich merkte es an den Händen, diese hatten eine besondere Haltung und Farbe. Die Haare sind fettig und spärlich und die Augen haben keine Klarheit mehr.

Schon als kleines Mädchen beobachtete ich die Menschen und registrierte viel, was nicht mal die Erwachsenen bemerkten. Das war auch so, weil die Leute in unserer Region sehr unsicher waren.

Sie hatten viel Angst wegen des Krieges, darum waren sie nicht ehrlich oder waren süchtig. Vor lauter Angst kann man auch töten. Die toten Zellen, die drinnen sind, offenbaren sich nach aussen und dann ist man ein Held. Was für eine paradiesische Welt.

Wenn wir überlegen, wie viel Kraft in uns ist, und wir arbeiten an diesen Kräften mit den Zellen. Statt mit den Zellen zu arbeiten, lassen wir die Medikamente die Arbeit machen.

Chemische Fabriken gewinnen Milliarden von Franken durch Medikamente, die sie produzieren, und diese Medikamente haben viele Nebenwirkungen. Und dann werden wir tatsächlich krank.

Wenn jemand z. B. Krebs hat, dann sagt er sich, ich bin krank, ich muss Medikamente nehmen. Ja, aber jede Krankheit hat eine Ursache, die kommt nicht einfach so. Diese liegt in der Seele.

Der Schmerz wird so weit entwickelt, bis die Zellen von dem betroffenen Organ verseucht sind. Dem gilt es, auf den Grund zu gehen: Wieso habe ich Lungenkrebs, was will mir die Lunge sagen? Auf was wollen mich die kranken Zellen aufmerksam machen?

Bevor der Krebs entstanden ist, hat man immer wieder Signale erhalten, aber sie wurden nicht ernst genommen. Hätte man dies getan und schon von Anfang an der Zelle mitgeteilt, ich bin gesund, wäre der Krebs nicht entstanden. Dann wäre man heil geworden.

Wenn die Zellen im Geist, in der Seele und im Körper harmonisch sind, entsteht keine Krankheit. Krankheit bedeutet, mit sich selber in Disharmonie zu sein.

Sprechen Sie mit Ihren Zellen: Ich bin in Harmonie im Geist, im Körper und in der Seele. Sie werden sehen und merken, dass dies Ihren Zellen guttut. Sie werden viele Möglichkeiten erleben, viele Situationen, welche Sie selber geschafft haben, ohne fremde Hilfe. Sie werden auch eine grosse Freude und Zufriedenheit spüren, je mehr Körperkraft sie entfalten. Sie werden strahlen und ein zufriedener Mensch sein.

Unser Körper ist aus Zellen aufgebaut, die sind ständig in Bewegung und sobald etwas nicht stimmt in unserer Seele, geraten sie in Unordnung. Bevor es in das System oder in den Körper gelangt, beginnen sich die Zellen zu wehren. Sie sagen, das geht so nicht mehr.

Haben wir seelisch etwas zu verdauen, beginnt der Magen sich zu melden, mit Schmerzen, mit Säure oder Stechen. Wenn wir dies nicht in den Griff bekommen, geht es weiter mit diesen Unannehmlichkeiten, bis wir uns entscheiden, etwas dagegen zu tun.

Würden wir mit unseren Zellen sprechen, wie mit einem Partner, uns mitteilen, was wir wollen und uns respektieren und uns bedanken, wir hätten bald keine Symptome mehr und müssten keine Medikamente mehr nehmen. Wir sind den Schmerzen auf den Grund gegangen, durch das Gespräch mit den Zellen sind wir wieder gesund geworden. Der Körper ist vollkommen, wenn wir ihn gut behandeln.

Ich bin ganz sicher, dass der Tag kommen wird, an dem die Menschheit dies alles versteht und diese Art der Heilung bevorzugt. Wir brauchen weniger Geld und keine Medikamente, die Nebenwirkungen hervorrufen. Unsere Hirnzellen sind immer bereit etwas zu denken, Mitteilungen zu geben, die wir dann umsetzen.

Der Mensch wollte immer wissen, was im Universum läuft. Der Wunsch auf den Mond zu fliegen, bestand schon lange. Das war auch eine Utopie und jetzt kann man bereits zum Mars fliegen.

Die ganze Welt ist auf Zellen gebaut. Die Menschen, Tiere, Pflanzen, die Erde. Weil wir dies nicht sehen können, glauben wir es nicht. Der Mensch wird einmal „überdimensional“ werden. Wir werden wissen, was gut oder schlecht für uns und die Umwelt ist. Was die Natur braucht und wir, um gesund zu bleiben. Wir werden alle zusammen miteinander vernetzt sein, wie jetzt mit dem Internet.

Es wird vollkommene Harmonie zwischen den Völkern, den Rassen geben. Die Zellen sind alle gleich, sie sind nicht rassistisch und haben alle die gleichen Strukturen. Wir Menschen machen die Unterscheidung. Man kann sich vorstellen, wie schön es auf dieser Welt wäre, wenn wir so denken und arbeiten würden wie die Zellen es tun: Selbstlos in Harmonie mit sich selber und ohne zu denken, was bekomme ich für diese Arbeit? Ich sehe diese Zellen, als das, was wir Gott nennen, als das also, was die Schöpfung uns gegeben hat.

Sie bedeuten letztlich jener freie Wille, über den immer geredet wird, von dem wir aber nicht wissen, wie er funktioniert und was er wirklich ist. Gott sagt, wir sind nach seinem Bilde gezeugt worden, dann haben wir dieses Bild von den Zellen, die Gott uns gegeben hat, in uns verankert.

Es gibt keinen anderen Gott als die Zusammensetzung von Zellen im ganzen Kosmos, die nur so pulsieren als eine vollkommene Ordnung.

Wenn man denkt, was wir für grossartige Menschen sind, was für eine Schönheit unsere Erde ist, was für eine perfekte Schöpfung wir haben. Dieses Glücksgefühl zu spüren, ist herrlich. Ich gehöre dazu, es ist mir gegönnt, in dieser Schöpfung zu leben, zu wirken, zu lieben, damit meine Zellen mir diese Offenbarung gegeben haben.

Wir haben Tausende Millionen von Zellen. Sie bekommen keinen Impuls von uns. Sie warten zwar, aber nichts passiert. Und wenn nichts passiert, keine Mitteilungen, keine Aktivitäten, dann verkümmern sie, sie werden krank. Der Mensch reagiert erst, wenn es schon zu spät ist, dies ist unsere Geschichte. Die Zellen sind unsere inneren Arbeiter, wenn wir den Befehl geben, werden sie sofort aktiv.

An allem, was in unserer Welt vorkommt, sind wir beteiligt und haben eine grosse Verantwortung auf allen Ebenen, auf der geistigen, seelischen und physischen Ebene. Wir beschränken uns auf ganz wenige Taten und fast nur auf uns selbst.

Der Prozess unserer Zellprogrammierung geht aber nur langsam voran, und nur, wenn wir auf unser Zelleninneres hören, auf die Mitteilungen, die ständig kommen. Aber es gibt noch viele Ängste in uns, diese Eigenverantwortung zu übernehmen. Wir warten ab, dass Andere dies für uns übernehmen. Jetzt ist aber die Zeit gekommen, im Wassermannzeitalter, die uns zwingt zu arbeiten, ohne Kompromisse, ob wir wollen oder nicht. Noch nie war die Chance für die Menschheit so gross wie jetzt, sich weiter zu entwickeln. Die Erde ist nicht mehr einverstanden, was die Menschheit mit ihr macht.

Auch sie besteht aus Zellen und sie sind unterdessen krank, wir haben sie vergewaltigt, verbraucht und ausgeraubt, deshalb erleben wir immer wieder Naturkatastrophen.

Wir wundern uns, wieso so etwas überhaupt vorkommen kann. Kann dieser Gott nur zuschauen? So viele Katastrophen, Zerstörung und Tote auf dieser Welt, ohne uns zu helfen?

Wir vergessen, dass dies auch unsere Verantwortung ist und nicht nur die von Gott; denn er hat uns den „freien Willen“ gegeben.

Danksagung

Ich danke der Schöpfung, dass sie mich mit diesen Begabungen ausgestattet hat und ich bedanke mich bei all den Menschen in meinem Leben, denen ich begegnet bin.

Das war die wichtigste Lektion.

Ich danke allen Lehrerinnen und Lehrern und allen Schülern und Schülerinnen, die mir vertrauten und die mein Wissen akzeptiert haben.

Eine sehr grosse Hilfe für mich war Karin C. Sie war bei mir als Schülerin in der Maltherapie und sie hat mein Buch unterstützt.

Ich danke aber auch allen Frauen und Männern, die zu mir ins Malen gekommen sind und mir das Vertrauen geschenkt haben.

Dabei entstand eine grosse Familie.

Bei jedem Malkurs haben wir immer alle Schwierigkeiten besprochen und uns gegenseitig geholfen.

Ich bin sicher, dass dieses Buch ein neuer Denkansatz und eine neue Kraft für alle ist, auch für jene Menschen, die diese neue Art zu denken noch nicht kennen.

Ich möchte alle umarmen und Liebe vermitteln, welches die grösste Kraft auf der Welt ist.

Viel Licht, Kraft und Liebe

Ghita Cristofoli

P.S.

Ich spreche nie von Patienten, sondern von Schülern. Und ich sage bewusst, es gibt nur Lektionen und keine Krankheiten.

Weihnacht 1990 in Videlinata
****

<u>Dank einer Mutter an Ihre Kinder</u>

Ich danke Euch Kinder
dass Eure Seele mich ausgesucht hat

Ich danke Euch Kinder
dass Ihr meine Seele als Mutter gewählt habt

Ich danke Euch
für die Kraft
die ich durch Euch erfahren konnte

Ich danke Euch
für all die Schwierigkeiten
die Ihr mir gegeben habt
denn dadurch lernte ich
meine eigenen Schwierigkeiten zu erkennen und zu lösen

Ich danke Euch
für die Neugier
und die vielen "Warum"
denn dadurch konnte ich das Zuhören lernen

ich danke Euch
für die Geduld
die Ihr mit mir hattet

denn dadurch erfuhr ich die Stille in mir
und konnte meine Ungeduld zähmen

Ich danke Euch
dass ich durch Euch das Erlebnis Geburt erfahren durfte
denn ich konnte dadurch meine eigene innere Geburt
erleben
konnte wachsen und mich entwickeln

Ich danke Euch
für jedes Lächeln
denn dadurch lernte ich auch das Schwere ertragen

Ich danke Euch
für die selbstlose Liebe
die ich von Euch empfangen durfte
denn durch diese Liebe erkannte ich meine Aufgabe in
dieser Welt

Durch Eure Gegenwart hat mir das Leben die einmalige
Gelegenheit geboten
zu erkennen wer Gott ist

Gott in Euch — Gott in mir

Ich danke Euch tausendmal in Liebe

eine Mutter

von Ghita Cristofoli

Bibliografische Information der Deutschen Nationalbibliothek:
Die Deutsche Nationalbibliothek verzeichnet diese Publikation in der Deutschen Nationalbibliografie; detaillierte bibliografische Daten sind im Internet über dnb.dnb.de abrufbar.

Herstellung und Verlag: BoD – Books on Demand, Norderstedt

ISBN 978-3-7460-1891-1